LEOPOLDINA E MARIA DA GLÓRIA: DUAS RAINHAS

Mary Del Priore

LEOPOLDINA E MARIA DA GLÓRIA: DUAS RAINHAS

VIDAS E DORES

1ª edição

Rio de Janeiro, 2024

Copyright © Mary Del Priore, 2024

Todos os esforços foram feitos para localizar os fotógrafos das imagens e os autores dos textos reproduzidos neste livro. A editora compromete-se a dar os devidos créditos em uma próxima edição, caso os autores as reconheçam e possam provar sua autoria. Nossa intenção é divulgar o material iconográfico, de maneira a ilustrar as ideias aqui publicadas, sem qualquer intuito de violar direitos de terceiros.

CAPA E CADERNOS DE IMAGENS: Anderson Junqueira

IMAGENS DE CAPA: "Leopoldina, Arquiduqueza d'Austria. Princeza Real do Reino Unido de Portugal Brazil e Algarves", de Jean François Badoureau e Jules Antoine Vauthier, 1817. Acervo da Pinacoteca do Estado de São Paulo, Brasil. Coleção Brasiliana/Fundação Estudar. Doação da Fundação Estudar, 2007. Reprodução de Isabella Matheus./ "Dona Maria: Reine de Portugal", de autor desconhecido, 1853. Fundação Biblioteca Nacional – Brasil.

IMAGEM DO VERSO DE CAPA: "Débarquement de la princesse Léopoldine: à Rio de Janeiro", de Thierry Frères, a partir de Jean-Baptiste Debret, 1839. Fundação Biblioteca Nacional – Brasil.

CIP-BRASIL. CATALOGAÇÃO NA PUBLICAÇÃO
SINDICATO NACIONAL DOS EDITORES DE LIVROS, RJ

D431L   Del Priore, Mary, 1952-
Leopoldina e Maria da Glória : duas rainhas : vidas e dores / Mary Del Priore. - 1. ed. - Rio de Janeiro : José Olympio, 2024.
112 p.

ISBN 978-65-5847-155-4

1. Leopoldina, Imperatriz, consorte de Pedro I, Imperador do Brasil, 1797-1826. 2. Maria II, Rainha de Portugal, 1819-1853. 3. Brasil - História - I Reinado, 1822-1831. I. Título.

23-87492   CDD: 923.10981
CDU: 929.731(81)

Gabriela Faray Ferreira Lopes - Bibliotecária - CRB-7/6643

Este livro foi revisado segundo o Acordo Ortográfico da Língua Portuguesa de 1990.

Todos os direitos reservados. Proibida a reprodução, o armazenamento ou a transmissão de partes deste livro, através de quaisquer meios, sem prévia autorização por escrito.

Reservam-se os direitos desta edição à
EDITORA JOSÉ OLYMPIO LTDA.
Rua Argentina, 171 – 3º andar – São Cristóvão
20921-380 – Rio de Janeiro, RJ
Tel.: (21) 2585-2000.

Seja um leitor preferencial Record.
Cadastre-se em www.record.com.br
e receba informações sobre
nossos lançamentos e nossas promoções.

Atendimento e venda direta ao leitor:
sac@record.com.br

ISBN 978-65-5847-155-4

Impresso no Brasil
2024

Nada vale o olhar de uma criança que espera. Que espera passar uma nuvem, a fila de formigas, a poeira num raio de sol. Que se encanta com as folhas que rodopiam a seus pés. É preciso enxergar através dos seus olhos. Olhos atentos sobre a natureza, mas também sobre o mundo dos adultos. Os meus, que todos consideravam lindos, eram olhos grandes. Grandes, pois eu não era inocente. Era lúcida. E via tudo o que ninguém queria enxergar. Afinal, ver é compreender. E eu compreendia que ali nada ia bem.

Dizem também que criança esquece tudo. Eu não esqueci. E tinha na mente todo um álbum de imagens sobre a minha infância. Fecho os olhos e sinto o calor do seu abraço. A asperidade da camisa. Até mesmo um cheiro azedo de suor. Ela sofria muito com o clima. Lembro do barulho de suas botas na escada, quando meu pai a chamava para caçar. Ou do ruge-ruge da seda dos vestidos de cauda quando havia recepções. Ou da ternura com que nos enlaçava e dizia em voz baixa: "Obedeça." Lembro-me, sobretudo, de que a vi chorar muitas vezes. Um choro baixinho e envergonhado. Seus olhos de um azul profundo ficavam vermelhos. Na ponta dos cílios claros, uma lágrima pendurada. Ela chorava escondido, para ninguém perceber.

Meu nome? Maria da Glória Joana Carlota Leopoldina da Cruz Francisca Xavier de Paula Isidora Micaela Gabriela Rafaela Gonzaga, rainha de Portugal e dos Algarves. No físico, tenho muito de minha mãe. Em menina, meus cachos eram louros como os dela. Minha pele, translúcida como a dela. Com a idade, ganhei peso como ela. Como ela, ganhei gordura no pescoço. E dizem que meu queixo miúdo e os lábios finos são como os dela. Sobre a cor dos olhos tenho dúvidas. Uns

LEOPOLDINA E MARIA DA GLÓRIA

me pintaram com os olhos azuis dela. Outros, com os olhos negros de meu pai. Não se pode confiar nos pintores de Corte. Como ela, e como minha avó Maria Teresa de Nápoles e Sicília, tive tantos filhos quanto pude. Como ambas, morremos de fazer filhos. Pelo amor que lhe tinha, vou contar a história de Maria Leopoldina da Áustria, minha mãe.

Entre os 20 e 29 anos, idade em que nos deixou, minha mãe era uma mulher pequena, redonda, compacta. Não era exatamente gorda. Tinha barriga e coxas cheias. Era esticada como uma fruta madura. Reza a lenda que ela foi um bebê ansioso, porque sugava com muita força o seio da ama de leite. Eu acho que era apenas gulodice. Ela olhava para o marido com medo de que ele não a amasse mais. Mas algum dia ele a amou? Meu pai, d. Pedro I, era um homem resplandecente de saúde. Um belo animal ao sol. Um rosto sem rugas, apenas as marcas da varíola que teve quando menino. Os dentes, uma fileira cerrada, sólida e branca. Trazia sempre um sorriso espontâneo do amante diante do amor. Mas não por ela.

Ela era filha de Francisco I, imperador do Sacro Império Romano Germânico, e de Maria Teresa de Nápoles e Sicília. Teve onze irmãos, nascidos um atrás do outro. Seu pai, meu avô, era sisudo e melancólico. A mãe, minha avó, esfuziante e, dizem, muito fogosa. A arquiduquesa Leopoldina nasceu na manhã de um domingo, 22 de janeiro de 1797, dia considerado de bom augúrio pelos vienenses. A Europa estava, então, à sombra das asas de uma águia: Napoleão Bonaparte. Um general corso e genial estrategista que tinha o dom de se fazer seguir cegamente por suas tropas. Meses depois do nascimento de minha mãe, os principados do norte da Itália, como Rivoli e Mântua, renderam-se a ele. E, antes de mamãe completar 1 ano, Francisco I assinou a Paz de Campoformio. Paz, enfim, apesar do fim do Reino da Itália e da transferência de vários territórios austríacos para as mãos dos franceses.

Minha mãe, uma arquiduquesa, cresceu entre irmãos e irmãs, cuidados cada qual por uma criada de câmara e uma camareira. Esta última era responsável pelo guarda-roupa das meninas. A dela era uma mulher simples, feia, mas muito fiel. Chamava-se Annony, seu apelido era Bobó. Mais tarde, tiveram aias encarregadas de ensinar boas maneiras, cerimonial e etiqueta. Participavam de bailes infantis, faziam teatrinhos, jogavam bilhar e ganharam um boneco grande e feioso, o "Napoleão", que alfinetavam e socavam. Conta--se também que desde pequena eram visíveis os sinais do temperamento de minha mãezinha: ora brincalhona e agindo com determinação como sua mãe, ora melancólica e introspectiva como seu pai. No horizonte, uma figura modelar: a irmã Maria Luísa, cinco anos mais velha, preferida do pai e carinhosamente chamada de Louison. Minha mãe a adorava.

Aos 6 anos, mamãe começou a receber educação formal. Meu avô queria que os filhos fossem formados de acordo com o temperamento de cada um. Minha avó insistia na receita da família Habsburgo: respeito religioso à vontade do pai. Junto com Maria Clementina, a irmã mais moça, Leopoldina aprendeu o que se ensinava às meninas da aristocracia: o alemão que falava com sotaque vienense; o francês, língua da diplomacia na época; o italiano, que começou a aprender aos 12 anos e, mais tarde, o inglês. Para cada matéria – matemática, história, dança, entre outras – tinham um professor. Cada criança tinha um pequeno jardim para cuidar, além de receber formação religiosa. Antes das aulas, missas obrigatórias e diárias. Com a mãe, Maria Teresa de Nápoles e Sicília, as meninas percorriam a cidade fazendo obras de caridade. A imperatriz controlava pessoalmente as lições de seus filhos. E observava: "Leopoldina prometeu ao pai trabalhar com mais diligência para lhe causar prazer." Seu pecado? Comer demais.

Quanto a mim, bem… Eu já gosto de comer e de línguas estrangeiras, mas meu alemão é claudicante. Minha mãe dizia que devia melhorá-lo para ir morar na Corte do avô Francisco, onde, em bons livros e com bons professores, aprenderia o necessário para ser uma rainha. A história de Portugal ela mesma me ensinava. Meu avô d. João VI me levava pela mão ao Jardim Botânico e, com paciência, mostrava os diferentes tipos de árvores tropicais. Lembro-me bem de sua barriga dilatada que, junto ao peito, subia e descia como o mar.

Quando não queria me vestir e calçar, e gritava com as criadas, eu era corrigida com mais gritos. Os de d. Teresa, uma das damas escolhidas por minha mãe. Eu era considerada mimada pelos cortesãos, que murmuravam: "Lá na Europa, ninguém haveria de aguentar uma rainha com tal comportamento." Sim, sou temperamental como meu pai. Diziam ainda que meu despotismo haveria de ser corrigido pela disciplina austríaca. Lá não poderia gritar com os criados. Quando pequena minha mãe tinha "ataques de fúria" – como eu também os tenho –, era imediatamente castigada com severidade. Quanto a mim ou meus irmãos, nunca apanhamos. No Império do Brasil, apenas os escravos apanhavam.

Minha mãe tinha 12 anos quando viu sua mãe morrer. Estoica, a imperatriz chamou os filhos e se despediu de todos. Foi levada por um aborto natural depois de dezessete gestações e uma pleurisia. O viúvo não perdeu tempo e se casou logo com uma parente, Maria Ludovica d'Este, dezenove anos mais moça. Ela era chamada pelos enteados de "querida mamãe". Mulher refinada e inimiga de Napoleão, que destronou seu pai, Fernando Carlos de Áustria-Este, Ludovica incentivava o marido a reagir contra Napoleão. Francisco I, por sua vez, reagiu com o mais absoluto pragmatismo: em 1807, deu ao general a filha mais velha, Maria Luísa, em casamento. Com isso, ganhou tempo para armar seus exércitos e manter a dinastia no poder. Coincidência ou não, em novembro do mesmo ano, a família real portuguesa e parte da nobreza lusitana, seguida de burocratas, servidores e criados, deixou apressadamente Lisboa rumo ao Brasil. Napoleão estava em seu encalço.

A adolescência de minha mãe foi solitária. Sua irmã Maria Luísa tinha partido para a França e mamãe se dedicava às ciências naturais. Gostava de mineralogia e botânica. Cuidava do seu jardim, onde cresciam mudas enviadas de Paris pela irmã, a quem escrevia regularmente com má ortografia. Tinha sempre a seu lado Annony e, daquela época em diante, também Maria Ulrica, condessa von

Lazansky, camareira-mor e responsável pelas boas maneiras e pelo cumprimento de regras.

Ah, regras! As que minha mãe teve dificuldade de impor no palácio de São Cristóvão, no Rio de Janeiro, ou na vida do marido. Ela foi educada numa Corte em que a etiqueta era uma atmosfera. Ao menor erro, seria asfixiada. Além disso, a caridade, a piedade e o comportamento irretocável formavam o modelo de virtudes a ser seguido. Na madrasta, ela via o exemplo de economia e de rigor religioso. Segundo ela mesma dizia, Maria Ludovica d'Este foi "a pessoa mais importante da vida... a ela devo o que sou".

Em 1813, a Batalha das Nações pôs fim ao império de Napoleão, que partiu para o exílio. Minha mãe contou-me sobre o brilho das festas, sobre os bailes e foguetórios durante o Congresso de Viena, que selou a vitória das Coroas europeias contra a França. Aos 13 anos, depois da primeira comunhão, ela passou a integrar a Cruz Estrelada, ordem nobiliárquico-religiosa feminina. Era o sinal de que fazia a transição da vida de menina para a de adulta. A questão agora era: com quem se casaria Leopoldina?

Em Viena, a pergunta veio tarde. Meu casamento com meu tio paterno Miguel, por exemplo, foi determinado quando eu tinha 2 anos. Uma artimanha de meu pai, que assim preservava a sucessão da coroa portuguesa, esperando manter um pé em Portugal. Minha mãe resistia. Uma criança nas mãos de um adulto? E, ainda por cima, alguém com um caráter muitíssimo duvidoso, tanto que, no futuro, d. Miguel seria suspeito de tentar envenenar o próprio pai.

Mas voltando à mamãe, enquanto não se apresentavam candidatos, ela se queixava a Maria Luísa, por meio de cartas, sobre a vida fútil que levava. As longas recepções, os pesados vestidos e a ociosidade a incomodavam. Maria Luísa cobrava: estaria pronta para enfrentar situações protocolares depois de um casamento? Ela dizia que "não tinha medo". O primeiro pretendente foi um príncipe napolitano obeso, vulgar e grosseiro: "Tio Leopoldo" de Bourbon. Ela respirou aliviada quando ele preferiu sua irmã, Maria Clementina.

A diplomacia dinástica foi novamente acionada e veio à tona o nome do "belo Fritz", primogênito do rei da Saxônia. Mas meu pragmático avô estava de olho em outra proposta: a que lhe fez o rei de Portugal, Brasil e Algarves.

Sinto dizer isso, mas a família de Bragança era malfalada na Corte austríaca. Infidelidades e traições lhe estavam associadas. Minha mãe de nada sabia ou soube. Pressionada pelo pai, entre o belo Fritz e o jovem Pedro, escolheu o segundo. Exultava, pois não ficaria solteirona. Exultava, pois, segundo contou a Maria Luísa, o Brasil seria "magnífico e ameno, uma terra abençoada que tem habitantes probos e honrados". Por outro lado, a Europa se tornava insuportável, rasgada por sublevações.

Pobre mamãe. Ingênua, crédula e de fácil entusiasmo. Maria Luísa a aconselhava: "Que ela não imaginasse o futuro lindo demais. Nós, que não podemos escolher, não devemos olhar as qualidades de corpo nem do espírito. Quando as encontramos, é sorte. (...) Não se deve acreditar em tudo o que dizem as pessoas. Quando não as encontramos, também podemos ser felizes. A consciência de ter cumprido o dever, múltiplas e variadas ocupações, a educação dos próprios filhos dão certo sossego à alma, ânimo sereno, que é a única felicidade verdadeira no mundo." Sábia Maria Luísa.

Enfim tudo se acelerou, a começar pelo quarto casamento de meu avô, o imperador da Áustria, numa união de conveniência – palavra que acompanha a nós, princesas e rainhas, desde sempre. Morreu a madrasta de minha mãe, e a noiva seguinte de Francisco I da Áustria, Carolina Augusta da Baviera, era feia, simples e boa. Quem precisava de mais?

Minha mãe, por seu lado, se envolvia com sua nova futura vida. Dizia querer a felicidade das criaturas que tivesse que governar. Acreditava nas qualidades "boas e excelentes" de meu pai e afirmava cumprir seus deveres – eufemismo para quantos filhos pudesse ter. Sua madrasta já lhe expusera o assunto sempre secreto: "As intimidades das relações conjugais." Muito pudica, ela suava enquanto ouvia. Aprendeu que nudez era símbolo do pecado, afinal Adão e Eva se envergonharam. Quebrar esse tabu a encheria de culpa. Nunca se perdoaria por qualquer expressão de prazer. Um corpo não era lugar de liberdade, mas de dever. O pecado da carne foi causa da expulsão do paraíso, mas poderia ser a salvação por meio dos filhos. Suas tentações podiam solapar a saúde da alma.

Mais: havia um tempo para amar. A Igreja Católica tinha um calendário que proibia o coito em dias santos, durante a Quaresma e o Advento. Só os fornicadores o desrespeitavam. Ela não deve ter apreciado a explicação, pois a finalizou dizendo: "Alegrias e sofrimentos sempre hão nesta vida." E ela sabia que sua irmã Maria Clementina fugia como o diabo da cruz do leito do marido, tio Leopoldo.

Depois, seguiram-se os conselhos do imperador: "Realizar todos os desejos do marido, inclusive os menores." Obter a confiança do sogro e evitar a sogra. Nas entrelinhas, que ficasse claro: seu casamento não seria como o das outras mulheres. Seu papel como arquiduquesa era ser uma peça no xadrez político e obedecer à causa monárquica.

Não sei se minha mãe conseguiu abandonar o sonho que cercava todas as jovens: o de uma união feliz. Um lar. Amor, afeto e compreensão. Sexo? Nem pensar. Mas uma vida honesta, como recomendava a doutrina católica. A festa de seu casamento, a 13 de maio de 1817, na igreja dos Agostinianos, teve impressionante distribuição de joias aos cortesãos vienenses pelo marquês de Marialva, embaixador da Corte do noivo. O luxo levou muitos a confiarem na riqueza dos Bragança.

Ela recebeu um medalhão cravejado de brilhantes ao redor, com a efígie do futuro marido. Foi amor à primeira vista. O brilho das pedras a fez acreditar no brilho das qualidades morais do jovem moreno, dono de um "belo nariz e olhos magníficos". Ela contou à irmã que olhar o retrato "a enlouquecia". Foi, portanto, apaixonada e acompanhada de um grupo seleto de damas austríacas que ela embarcou para os trópicos. Des-

LEOPOLDINA E MARIA DA GLÓRIA

tas augustas senhoras, vale lembrar, não sobrou nenhuma. Voltaram todas para Viena, depois de alguns meses em terras tropicais.

Minha mãe viveria os primeiros anos de casamento em um país estranho, cercada de gente que a hostilizava, e abandonada pelo homem do retrato. Eu viria a ser sua maior alegria. Ela chegou ao Rio de Janeiro na tarde do dia 5 de novembro de 1817, ao som do disparo de canhões, artilharia, apitos, gritos, fogos e sinos. Para saudá-la, de uma galeota dourada desembarcaram os membros de sua nova família. Depois de ajoelhar-se diante dos sogros, ela abraçou as cunhadas. Foram 84 dias de viagem antes que os noivos se conhecessem.

Ela tinha encomendado espartilhos em Paris e se vestiu com apuro. Seguiu os conselhos de Maria Luísa: era preciso dar atenção ao exterior. Quando se era casada, devia-se isso ao marido, e a primeira impressão era sempre dada pela aparência. Mas minha mãe nunca foi vaidosa e rapidamente esqueceu as palavras da irmã. Desejava ser querida por suas qualidades morais. Para ela, o casamento seria um sacerdócio, um encontro de almas mais do que de corpos. Salvo para fazer filhos. A noiva tinha 20 anos e falava um pouco de português.

O noivo tinha 19 anos, "arranhava" o inglês e trazia as marcas do último encontro com sua jovem amante, Noémie Thierry, uma bailarina que ele alojara nas dependências do palácio. Ela era linda e estava grávida quando meu pai soube que o contrato de casamento tinha sido assinado. Para o trono português, a união era vista como um pacto vantajoso e oportunidade de contratos comerciais entre a Europa e o Novo Mundo. Ele sabia que tinha sido uma decisão tomada de uma hora para outra. Mas como todos os casamentos reais fossem súbitos e, consequentemente, sem discussão prévia, era melhor tomar a coisa com simplicidade. Uma aliança de famílias coroadas só tinha importância para a política, e devia ser aceita sem histórias. Meu pai detestava histórias. A bailarina foi enviada para Recife, onde recebeu dinheiro e um marido. Ganhei um meio-irmão a quem chamaram Pedro. Ele morreu ainda bebê. Ao tomar conhecimento do episódio, minha mãe enviou a Noémie uma joia e um conto de réis.

LEOPOLDINA E MARIA DA GLÓRIA

Não saberia avaliar como uma jovem inexperiente lidou com o apagamento de seu passado de menina. E como viveu sua passagem de moça a mulher. A cama do casal tinha cortina bordada a ouro, segura pela águia real e pela figura de Eros. Ela temia que desabasse, como contou à irmã. Na primeira noite, despiu-se diante da sogra e da cunhada, e ele, diante do pai e do irmão. Deixados sós, ergueram as respectivas camisolas. A profusão de panos, que deveria tornar o leito um ninho protetor, a sufocava. Para ela, o amor conjugal era sinônimo de amizade. Lembrava-se das palavras de São Francisco de Salles, que recomendava "carícias castas, mas ternas e sinceras". Ah, lembrava-se também: a passividade era a boa postura. Docilidade e apatia eram sinônimos de uma esposa normal. Não conhecia os gestos: não sabia o que ou onde tocar. Para ele, era a hora de fazer herdeiros. Montou nela com suas pernas cabeludas, descobrindo o corpo branco, mole, úmido e quente. Não a deixou dormir nos primeiros dias. Ela não sabia, mas papai era um fornicador.

No Rio de Janeiro, mamãe encontrou um mundo totalmente diferente. Ela teria que decifrá-lo. A Corte que a cercava não era dotada de elegância de costumes ou cultura. Faltava civilidade. Os validos e criados eram repugnantes, intrigantes e grosseiros. As açafatas e criadas de quarto, "feias como a peste", contou para Maria Luísa. A capital era uma cidade africanizada na qual escravos seminus executavam os piores trabalhos: "Meu esposo e o rei têm bons motivos para não querer que eu vá lá", explicou ao pai, o imperador Francisco I. A situação do Tesouro Público impôs economias aos Bragança. E ela acompanhava: "Longe de mim as despesas inúteis, os adornos indecentes, o luxo maléfico e as mundanidades e vestuário escandaloso." Ela tinha se comprometido a mudar os hábitos e a fazer tudo o que fosse do agrado de sua nova família. Inclusive suportar o calor dos trópicos "com alegria". Pobre mamãe. Vivia ensopada de suor como se tivesse acabado de sair do banho.

Se o começo de uma vida em comum podia ser caótico, sobretudo em circunstâncias tão diversas, meu pai, porém, dava à esposa alguns momentos de alegria. Ela acompanhava o "lindo marido" em passeios a cavalo à Tijuca e ao Corcovado, em caçadas aos jacarés na planície de Jacarepaguá ou dentro das matas que cercavam o Paço, onde examinava plantas e bichos. Ele mandou fazer para ela um pequeno zoológico na ilha do Governador. A música os aproximava. Não a dos bailes vienenses nos quais minha mãe gostava de dançar e rir, mas a dos instrumentos que tocavam juntos: ela ao piano, enquanto ele tocava flauta ou violino. E ela escrevia ao pai: "Talento igual para a música como meu marido possui ainda não tenho visto." Só que as composições que tocavam juntos não lhes causavam as mesmas emoções. Ele não as escutava como ela nem compartilhava os mesmos anseios sentimentais ao ouvi-las.

Fora cavalgar – como ela mesma contou – e ser cavalgada, mamãe estava "totalmente só com" o esposo: "Não me dou com ninguém, não me preocupo com nada e essa é a melhor forma de ser bem-sucedida." Seria mesmo a melhor forma? Lembro-me de alguém comentar, talvez

Maria Luísa, que mamãe era indolente. Ela mesma afirmava que o calor lhe dava preguiça: "Embora esteja muito feliz, o estilo de vida em que nunca se vai ao teatro, nunca a uma festa em que as pessoas não sejam as mesmas de todos os dias, vai se tornando mortal para alguém acostumado a um pouco de distração (...) o calor, o clima e a consequente preguiça não nos deixam ler ou escrever."

A essa característica, a indolência, deve ter se juntado o fato de uma nobre austríaca ser totalmente diversa das aristocratas portuguesas. Ela comia com talheres, elas, com as mãos. Ela gostava de ler, elas desconheciam tal prazer. Ela se sentava em cadeiras, elas no chão, à oriental. Ela era feia, quando elas a queriam bonita. Ela não queria ter a mão beijada, enquanto elas queriam beijar-lhe a mão. Os hábitos locais eram considerados "esquisitos" por mamãe. As damas do Paço a boicotavam.

No centro do escrutínio permanente dos cortesãos que circulavam no palácio, mamãe se embaraçava. Vivia uma sensação lancinante de inquietação. Sua couraça de sorrisos parecia rachar a cada tentativa de se aproximar deles ou de lhes falar em português. Era como se todos os seus gestos perdessem sentido e ela ficasse à mercê de olhares críticos. Seu rosto e suas mãos se avermelhavam. Quando alguém lhe dava atenção, era uma atenção hostil.

Quando mamãe entendeu que sua vida se resumiria a contemplar a natureza e a ficar confinada, pois seu marido fechava as portas à chave e dormia fora, ficou claro: o sonho do amor se dissiparia a cada manhã. O desespero e o cansaço se uniram. Os rostos que a cercavam lhe pareciam desumanos. E ela não seria tão bem-sucedida quanto desejava.

Os primeiros sinais de fracasso apareceram cedo. Dois meses depois do casamento, ela escrevia a Maria Luísa sobre "ingratidão e desgostos". Confessava a grosseria com que era tratada pelo seu "queridinho". Ele lhe votava uma indiferença aflitiva, uma frieza que degenerava em atitudes rudes. Tudo tinha que se adaptar a ele. Multiplicavam-se as "ralhações". E o Brasil não era "um trono dourado", mas "uma canga de ferro". Apesar da decepção, ela insistia em se enganar: "Estou convicta de que me ama sinceramente."

Sem romance, sobrou o dever. Ela ficou indisposta dois meses depois do casamento, mas foram simples problemas de adaptação à culinária local. Certa vez eu lhe perguntei se no palácio de Viena também havia dois cozinheiros e duas cozinhas diferentes. Recebi a seguinte resposta: "Aqui é assim porque seu pai gosta de comida portuguesa e eu continuo a preferir a comida da minha juventude. Por isso tenho cá o François", um cozinheiro francês. Entupia-se de presunto da Vestfália, pães doces de Hamburgo, morangos com toneladas de creme e tudo, enfim, que reduzisse sua ansiedade e aumentasse seu peso.

Pois, no dia 19 de abril de 1819, às cinco horas da tarde, cheguei eu para preencher sua solidão. E, sobretudo, para dar solidez aos Estados soberanos. Eu seria seu "consolo, o apoio, a alegria e a mais valiosa ocupação". Recebi o título de princesa da Beira e duquesa do Grão-Pará. Grande, nasci com o tamanho e o peso de uma criança de três meses. Girândolas de fogos rasgaram o cre-

LEOPOLDINA E MARIA DA GLÓRIA

púsculo. As casas se iluminaram com tigelinhas de vidro e velas por dois dias. O som de sinos encheu os ares misturado ao troar de canhões. Meus avós paternos, d. João VI e d. Carlota Joaquina, foram meus padrinhos, e a cerimônia de batismo se realizou na Capela Real, onde fui colocada sob proteção de Nossa Senhora da Glória.

Soube depois que a gravidez foi penosa. Apartada de todos por conta de tabus que cercavam a gravidez, mesmo dos parentes austríacos que não lhe escreviam o bastante, ela gerava uma vida. Limitava-se a passear de carruagem pela manhã e abriu mão de sair a cavalo. No palácio, decorava o quarto do futuro infante e guardava o enxoval com que a sogra lhe presenteara. Sua pessoa tinha algo de sagrado: "Realmente é uma sensação singular e divina, a de ser mãe." Queria sê-lo muitas vezes.

O parto durou seis horas porque eu tinha a cabeça grande. A cadeira de parto era antiquada, e, por conta do esforço que fez durante seis horas, minha mãe ficou com dor nos braços por semanas. Pior foi o tratamento que lhe deu o cirurgião português, "tão cruel que quase me dilacerou com suas lindas mãos". Dois meses depois, ela seguia sofrendo e tampouco teve leite, que secou aos oito dias. Porém, minha chegada tranquilizou mamãe, que viu alguma esperança para o futuro.

Sobre mim, escreveu aos familiares: "Se parece com meu esposo, só que tem olhos azuis."

"Uma linda criança", todos diziam à volta do berço. Meu pai não imaginava que entraria em guerra contra o irmão por minha causa. Para mamãe, eu era "minha Maria". Ela acreditava que eu representaria "um novo laço para a suprema felicidade". Ao pai, meu avô Francisco I, escreveu contando: "Minha pequena se torna mais amável a cada dia (...) está começando a andar e falar e fazendo ao meu esposo e a mim muito felizes."

Mas mamãe também mentia: "Posso lhe dizer, caríssimo papai, com toda a franqueza, que sou felicíssima, já que graças a Deus tenho um esposo que tem uma mente justa, aberta, séria e um bom coração." Pois, a Maria Luísa, confessou: "Se ficasse livre hoje não me casaria, pois embora a lua de mel seja um período lindo, o estado do matrimônio traz consigo muita preocupação, aborrecimento e sacrifício, e suportar tudo isso com paciência já é suficiente."

Outro motivo fez com que a gravidez fosse penosa: aos três meses de gestação, mamãe descobriu que papai tinha um caso com a filha do bibliotecário austríaco, Ana Sofia Schüch. Queixou-se a Maria Luísa: "Quanto mais conheço o mundo, tanto mais nos fechamos, confiando apenas em nós próprios em ninguém mais. (...) Poderia dizer que estou sozinha aqui, pois vejo tantas atitudes contraditórias que não consigo dormir direito, e não sei se tenho um amigo em meu esposo, se sou realmente amada, e sabes que uma maneira de pensar igual e sentimentos genuínos fazem a verdadeira felicidade."

Meu pai foi péssimo marido, mas como gostava dos filhos! Afora me embalar quando estava em casa, me tinha nos braços, me exibindo a quem passasse. Levava-me nos ombros, fazia cavalinho. Nunca soube se passava o mesmo tempo com seus bastardos. Mas eu temia suas reações. Era capaz de me levantar como se eu fosse uma boneca e, minutos depois, transformar afagos em tempestades. Tinha voz de trovão quando se zangava.

Mamãe e eu sempre no mesmo lugar: São Cristóvão. Ela nunca se queixou. Mas palácio? Hoje, sei que não. Uma casa grande e arejada. Uma construção tão sólida e respeitável quanto feia. Um pintor francês a comparou a uma casa rural. Móveis, quadros e tapetes vindos de Portugal se espalhavam sem cuidado algum. Cozinhas, estrebarias e guarnições eram sujas e mesquinhas. Seu querido sogro, d. João VI, levaria o que havia ali de maior valor ao deixar o Rio de Janeiro em 1821.

Rugia, então, a Revolução do Porto, ou seja, o início do processo que levou o Brasil a emancipar-se. Manifestações eclodiam em toda a parte contra os Bragança. A revolta cobrava o retorno do rei e a formação de uma Assembleia a fim de produzir uma Constituição Liberal. Quem voltaria para acalmar os ânimos: o rei ou seu filho? Os deputados exigiam o restabelecimento da capital administrativa do Império em Portugal; o retorno da Família Real a Lisboa; a instauração de um novo governo de caráter liberal, ou seja,

LEOPOLDINA E MARIA DA GLÓRIA

uma monarquia constitucional, e, especialmente, a tentativa de recolonização do Brasil.

Minha mãe prezava e amava o velho rei meu avô como um pai, e sua partida lhe custaria muito. Ela perderia quem considerava seu único aliado. No Paço, as intrigas entre os cortesãos que cercavam d. João VI e os que apoiavam d. Pedro aumentavam as tensões. Meu avô pensava segundo os princípios absolutistas – os mesmos, aliás, de meu avô materno, Francisco I. Já papai pensava segundo os "princípios liberais" que defendiam uma monarquia constitucional. Minha mãe, não tenho dúvidas, via tais princípios como uma ameaça: "O feio fantasma do espírito de liberdade se apossou por completo da alma de meu esposo." Mas, cedo ou tarde, ela teria que escolher.

Nos dois anos seguintes, minha mãe passaria por duas gestações. Primeiro, nasceu Miguel, a 26 de abril de 1820. A maldição dos Bragança de não deixar primogênitos vivos vingou. O menino durou poucas horas. Minha mãe atribuiu sua morte ao calor e aos muitos desgostos. Ficou arrasada. Mas, como ela mesma disse, portava-se "mansa e suave como um cordeiro". E, como tal, engravidou novamente. E escreveu com ironia a Maria Luísa: "Minha família daqui está bem de saúde e eu no quarto mês de gravidez (...) sofro muito do estômago, mas fico feliz quando meu esposo diz que quer ter trinta filhos."

Lembro-me de que, a 6 de março de 1821, nasceu o tão esperado filho homem: João Carlos. Os machos sempre tiveram prioridade. Mamãe padecia sempre: "Um parto muito difícil porque meu filho só saiu sem ajuda até a metade do corpo, por causa do braço direito que se encontrava na frente da cabeça", explicou a Maria Luísa. Cumpria rigorosamente os seus deveres para com a monarquia, mas o fazia de coração despedaçado, pois na mesma época ganhei outro meio-irmão e ela soube. O bastardo era filho de certa d. Adozinda Carneiro Leão, conhecida como Zindinha. As criadas contaram às aias, que, por sua vez, deixaram a notícia vazar nos salões do Paço. Mais tarde, casada com um alemão dono de uma casa de salsichas, Zindinha ouviria o marido dizer:

LEOPOLDINA E MARIA DA GLÓRIA

"Na minha loja os fregueses são atendidos regiamente. Quem os serve é o filho do imperador."

Não sou inocente e achei graça na história! Mamãe certamente não teria sorrido. Apesar dos vários casamentos, seu pai nunca enganou as esposas. A Revolução Francesa tinha cortado a cabeça dos aristocratas que viviam no luxo sensual. Reis com amantes não mais eram associados a virilidade como Luís XIV, mas a fraqueza, a impotência. Sua força tinha que estar a serviço do povo e não de mulheres. Ela não ignorava o comportamento de papai e, magoada, escrevia mais uma vez a Maria Luísa: "Infelizmente vejo que não sou amada, meu esposo e meu dever exigem que eu suporte até o último instante e meu coração busca um ser a quem comunicar amor e amizade." Agora mamãe sabia que o quadro que pintara fora colorido segundo as necessidades do sentimento que tinha inventado para si. As traições e os bastardos se sucederiam.

Raiva? Certamente. Mas ela tinha que esconder o sentimento. Uma expressão facial ou o tom de voz mais alto revelariam a falta de maneiras. A regra era nunca se render à perda de controle. Isso seria um luxo desproporcionado. Ela fora educada para resistir pacientemente frente às privações. Um sorriso ao ofensor? Sim. Dar a outra face? Sempre. Era uma questão de etiqueta. Mas ela sentia raiva, sim. Por sua impotência. Mas também raiva que se transformava em desgosto por continuar a tolerar as infidelidades.

Mas quanta fome não lhe dava a mistura da situação política e amorosa com aquela de seu bolso. Comia, comia e se preocupava com pagamentos a fazer. Ela não tinha como gastar consigo. Antes o fizesse e tivesse mais amor-próprio. Mas papai lhe cortou a mesada. Habituada à liberalidade da corte austríaca, distribuía esmolas a todos os necessitados, sem pensar. Mais parecia uma piedosa irmã de caridade do que uma princesa. Gastava mais do que lhe permitia a dotação, e tudo isso aumentava as desavenças do casal, pois meu pai queria economizar o máximo frente à situação que se esboçava. Mas vejo também que ela dava porque ele não queria receber. Ela entregava seu amor ao marido, que não o desejava. Para compensar, dava então aos pobres.

Enquanto as autoridades se digladiavam sobre a ida ou não de d. Pedro para Portugal e ameaçavam separar pais e filhos, ela engravidou novamente. João Carlos mal começou a sentar-se e mamãe se mostrou consciente de que dificilmente retornaria à sua querida Europa. Ficaria pelo Brasil. Em cartas a Viena, elogiava os brasileiros: "Cabeças boas e tranquilas" ou "Excelentes e fiéis súditos". Maus? Os portugueses. O Reino era grande demais para ficar nas mãos deles. Melhor nas dos filhos.

Nos episódios que se sucederam, meu pai se confrontou com as tropas sob o comando de Lisboa. Ele frequentava a casa de Jorge de Avilez, tenente-general cuja bela mulher, d. Joaquina, papai cortejava sem cerimônias. O general e o príncipe pareciam dois galos na rinha, enquanto minha mãe oferecia a todos os melhores sorrisos para disfarçar o constrangimento. O assunto circulava. Todos sabiam de mais esse caso de papai, inclusive o marido que se vingava, exibindo a autoridade do exército português sobre os brasileiros. Papai tinha se tornado um simples fantoche, sem qualquer influência política. Quando, em janeiro de 1822, as Cortes portuguesas dissolveram o governo no Rio de Janeiro e ordenaram a volta de papai, os brasileiros pressionaram para que ele ficasse.

Não vou me deter no desenrolar da política em Portugal ou na decisão de meu pai de ficar no Brasil, "a Ficada". Lembro-me de mamãe argumentar que permanecer preservaria o sistema monárquico ligando nossas terras aqui e na Europa. Impedir a partida era necessário. Outra decisão seria o colapso da Coroa portuguesa. Papai estava indeciso. Pedidos chegavam de todos os lados. Uma comissão veio de São Paulo tentar suspender a viagem. Ele foi praticamente compelido a dizer: "Eu fico!" Ficou, mas no coração sempre foi mais português do que brasileiro. Resistia em desatar laços.

Alguns dias antes da partida do general português, a 11 de janeiro de 1822, com a barriga dilatada de nova gravidez, mamãe teve que enfrentar uma situação delicada. Estava na Casa da Ópera com meu pai quando soldados portugueses deram início a um quebra-quebra na cidade. Temeroso, o público ameaçou abandonar o recinto. O casal mostrou firmeza, de pé, lado a lado. Na vida pública, exibiam sempre união. Meu pai assegurou aos presentes que nada de mau lhes aconteceria, e a resposta foi um "Viva!" que pareceu abalar todo o edifício. Sem saber o que o destino lhe reservava, junto com os temores do parto que se avizinhava, mamãe escreveu ao pai em Viena:

"A cada dia as coisas ficam mais confusas e infelizmente todas as cabeças do governo foram tomadas por princípios totalmente novos, paciência. Eu, porém, permaneço fiel ao antigo modo de pensar e aos princípios austríacos."

Ou seja, mamãe queria voltar no tempo. Acreditava nas monarquias absolutas que extinguiam revoltas com espadas afiadas. Fernando I, seu pai, era o exemplo. Apesar de ter perdido terras para a França, reabilitou o império secular da Áustria. Já o dilema de Pedro era outro: seguir seu pai e fracassar ou contrariá-lo e sair vitorioso?

Vitorioso? Eu tenho dúvidas sobre se mamãe confiava nas capacidades intelectuais de papai, considerado por quase todos "destituído de educação" para governar. Passaria o tempo levantando saias e abaixando as calças? Com Maria Luísa, mamãe desabafava: "Meu esposo não dá exemplo de firmeza como seria preciso, pois atemorizar é o único meio de pôr termo à rebelião; receio que tome consciência tarde demais com seu próprio prejuízo e só posso ver o futuro negro; Deus sabe o que ainda acontecerá conosco." O prejuízo, segundo ela, seria ficar sem coroa para ele ou para os filhos.

No Paço, a situação tampouco era tranquila. Apesar de bonito, João Carlos parecia ter pouca saúde. Preocupava noite e dia. A violência aumentava na cidade e as tropas portuguesas ameaçavam a decisão de meu pai ficar no Brasil. Havia quebra-quebra e intimidações. Mamãe acompanhava tudo pelo disse me disse das criadas e aias. Nessas horas pensava na tia-avó, Maria Antonieta, que perdeu a cabeça numa revolução. Para proteger a família, papai nos enviou para a fazenda de Santa Cruz. As damas portuguesas se recusaram a nos acompanhar.

Foi nesse verão que mamãe conheceu o secretário do Reino, Justiça e Negócios, José Bonifácio de Andrade e Silva. Mineralogista e funcionário do governo lusitano, o velho senhor recém-chegado de Portugal apoiava a decisão de papai de ficar no Brasil. Via mais longe. Falava em independência e prosperidade, e oferecia as forças da província de São Paulo para apoiá-lo. A cavalo, mamãe e José Bonifácio encontraram-se nas imediações da fazenda. Ela deu-lhe a notícia da nomeação para o cargo e transmitiu notícias do Rio de Janeiro. Ofereceu-se também para, junto com sua comitiva, apresentá-lo aos "seus brasileirinhos", ou seja, a nós. Parece que assim comoveu os "leais paulistanos".

Eu gostava de Santa Cruz. Ali chupava mangas como me ensinou meu avô João que, aliás, renovou a velha construção. Os apartamentos eram belos e mobiliados com conforto. Mas João Carlos chorava o dia todo e não se alimentava. Minha mãe passava os dias com ele no colo.

Acarinhava-o. Embalava-o na cadeira de balanço, chamando-o por todos os nomes afetuosos. De nada adiantava distraí-lo com as pinturas de frutas, flores, pássaros e insetos nas frisas. Quando se calava, o pequeno mais desmaiava do que adormecia. Voltamos a São Cristóvão. Orações, orações... Eu ouvia minha mãe rezar entre lágrimas. Não podia ajudá-la. Tinha minha própria tristeza e compreensão do que acontecia. Meu irmão morria. Seria eu a próxima? Eu estava assustada demais para soluçar com mamãe.

Pelo menos papai, que passava dias e noites fora, voltou ao Paço nas vésperas de o pequeno fechar os olhos. Realizou os despachos em um gabinete e foi para o quarto do berço. João Carlos tivera um ataque epilético. Não me deixaram ver as perninhas e os braços enrijecidos, as convulsões, o corpinho molhado de suor, as alterações na boca que deixava escorrer uma baba branca. Será que sentiu dor? Dizem que não. Que parecia dormir. Não acreditei na velha história da "longa viagem" ou "virou uma estrela no céu".

LEOPOLDINA E MARIA DA GLÓRIA

Seu coração tinha parado. Era isso a morte. O pai deitou-lhe uma bênção na testa e deu-lhe um último beijo. Contaram-me depois que, nos primeiros meses de casamento, quando meus pais ainda dormiam juntos, havia no quarto um canapê para seus "ataques de nervos". Que o mal que levou João Carlos era doença dos Bragança.

Foi quando papai reuniu as tropas brasileiras e civis armados e expulsou definitivamente as tropas de Avilez do Brasil. E escreveu ao meu avô d. João VI: "Tomo a pena para dar a Vossa Majestade a mais triste notícia do sucesso que tem dilacerado o meu coração. O príncipe João Carlos, meu filho muito amado, já não existe." E culpou a insubordinação da soldadesca rebelde portuguesa. A viagem acidentada para tirar o pequenino da capital só prejudicou sua saúde. E, visivelmente revoltado, cravava: "A divisão auxiliadora, pois, foi que assassinou meu filho e neto de Vossa Majestade. É contra ela que levanto minha voz." Essa morte feria os planos, as esperanças e os projetos futuros de meu pai. O menino morto prometia ser a sua melhor parte.

Minha mãe desmoronou. Havia tempo ela vivia em uma bolha de cólera e devastação, porém a perda desse filho foi uma prova atroz. Ela assumiu o sofrimento e a tristeza. Chorava muito. À sua volta, tudo parecia efêmero: o marido, o país, o trono. Só o imutável e verdadeiro podia ser fonte de felicidade genuína. Ou seja, só Deus. Rezava, chorava e concluía: o mundo que o Todo-Poderoso projetou era tão eficiente em negar-lhe qualquer felicidade que ela mal precisava se incomodar em torná-lo pior. Tudo, inclusive sua vida, lhe parecia vazio. Para que continuar a existir? Ela reconhecia que seus atributos naturais eram singelos se comparados com os que deveria ter para manter o simples equilíbrio. A depressão lhe dava uma sensação cinzenta, soturna e desagradável de viver a contragosto. A morte de um filho, fato contrário à ordem natural das coisas, alterou sua existência. Uma existência que, apesar de tudo, continuava. E continuava dentro dela. Estava grávida de oito meses.

Há quem diga que a morte do príncipe uniu o casal contra Portugal. Qualquer resto de respeito pelas Cortes morreu junto com o filho João Carlos. Em Lisboa, minha avó, d. Carlota Joaquina, junto com alguns súditos, conspirava pela renúncia de meu pai ao trono para dá-lo a meu tio Miguel. Ou seja, ao meu futuro marido. Quando se tratava de ver ameaçado o que era seu, papai não perdia tempo. E escreveu uma carta a Miguel, endereçada a "Meu mano": "Venha para o pé de seu mano que o estima, para entre os brasileiros que o veneram e para se enamorar de perto e casar com a minha filha. (...) Venha, venha e venha que o Brasil o receberá de braços abertos."

Enquanto as articulações políticas se faziam e desfaziam, sobre o Paço soprava um vento triste. Mal enterraram o filho, mamãe ficou só. No final de fevereiro, meu pai seguiu para Minas Gerais com o objetivo de apaziguar ânimos e garantir a adesão daquela abastada porção do território aos seus planos. Em Vila Rica, depois Ouro Preto, debaixo de verdadeira apoteose, pediu: "Uni-vos comigo e marchareis constitucionalmente: confio em vós, confiem em mim." Ele foi recebido de braços abertos. E pernas também. O "Uni-vos comigo" foi interpretado ao pé da letra por beldades locais. Nove meses depois, nasceria outra bastarda: Mariana. Sua mãe era Luizinha de Menezes. Era poetisa. No baile realizado no Paço Municipal de Tiradentes, ele conheceu Tudinha, Gertrudes Meirelles de Vasconcellos. Lembrou-se, mais tarde, de tê-la visitado em seu quarto às onze e meia da noite. E nove meses depois chegava Theotonio Meirelles da Silva, futuro oficial da Marinha brasileira. Papai era fornicador e fazedor de bastardos infames. As mulheres não se negavam por ser ele o príncipe regente.

Os primeiros anos de vida comum tinham transformado meu pai em um marido indiferente, absorvido demais por suas funções e escapadas extraconjugais para se preocupar com o que minha mãe sentia ou pensava. E ela pensava nos dias mortos que escorriam. E sentia solidão nas noites em que as lágrimas lhe queimavam os olhos. Ainda assim, não desistia. Escrevia cartas endereçadas a ele em Minas: "Meu querido e amado esposo." Reclamava por estar "privada de notícias". Enviava-lhe mil abraços e dizia-se in-

LEOPOLDINA E MARIA DA GLÓRIA

consolável por estar separada dele, a quem "amava ternamente". Pedia-lhe que voltasse logo, porque depois disso ela seria "alegre e feliz". Assinava-se "amante esposa". Ela sabia que era seu dever afugentar a dor, não a alimentar.

Em março de 1822, nasceu minha mana Januária, nome dado por meu pai em homenagem à cidade onde morava. "Deus tirou-me João e deu-me outra filha", disse. Decepcionado por ser uma menina? Nunca soube. Minha mãe deu à luz agarrada ao seu pescoço. E se o médico não estivesse presente, "o assoalho teria sido o berço", registrou. Ela ainda estava muito fragilizada. E escrevendo a Maria Luísa, confessava que havia se livrado de sua "carga à maneira dos animais selvagens do mato". Sentia isolamento e medo. "Nas províncias do Norte estão matando todos os europeus, (...) Deus permita que isso não se espalhe para outras províncias." Vista do fundo do poço, a Áustria seguia sendo a única luz: "Quando tudo andar mal e tomar as feições da Revolução Francesa, irei com meus filhos para a minha pátria", escrevia ao pai.

Até mais ou menos aquela data, meu pai fazia um jogo duplo entre portugueses e brasileiros. Entre o rei, meu avô, e os súditos brasileiros. Entre esses, oscilou em meio a liberais e republicanos. Minha mãe mudou de lado e sua simpatia voitou-se para os "mazombos", ou seja, os brasileiros. Ela detestava revoluções e violência – viu tantas na Europa antes de vir para o Brasil –, e agora assistia ao que chamava de "tumultos revolucionários das tropas de Lisboa". Em carta ao marquês de Marialva, que lhe vendeu um falso "príncipe encantado", dizia sentir-se culpada por ter sentimentos liberais. Mas eles seriam somente um pouco liberais. Os brasileiros seriam "liberais demais". Ela acreditava na "liberdade justa e sensata". Ou seja, no direito de seus filhos a uma coroa. E por isso vivia esse momento com coragem e constância, pois um "dever sagrado" lhe era imposto.

O tal dever sagrado ficou claro na carta de 2 de julho de 1821 enviada a Maria Luísa: "Acabou-se a esperança de viajar rapidamente para a Europa, o que, sendo bem honesta, é sorte, (…) o Brasil

LEOPOLDINA E MARIA DA GLÓRIA

é sob todos os aspectos um país tão maduro e importante que é incondicionalmente necessário mantê-lo. O Onipotente conduz tudo para o nosso bem e o bem comum vem antes do individual, por mais intenso que seja."

Entendi. Com essas palavras mamãe abria mão de sua felicidade pessoal e se sacrificava para ficar no Brasil, lutando por sua futura emancipação e por um trono para nós. A sublimação seria uma exigência vital. E ela a usaria para sobreviver e para manter uma coroa sobre a nossa cabeça.

Os fatos se aceleraram. Depois da viagem a Minas Gerais, onde foi buscar apoio, papai seguiu para São Paulo. Mamãe planejava acompanhá-lo na "viagem encantadora", mas já grávida outra vez, e nomeada regente, teve que passar por grave situação política. Em cartas, queixava-se de "estar encarregada de todos os afazeres, que é o maior sacrifício que posso fazer pelo Brasil". Havia um grupo forte, intitulado "patriotas europeus", cujos integrantes eram contrários a qualquer autonomia brasileira, que a espionava dentro do palácio. Muitos deles membros da Corte, conviviam com ela e tentavam convencê-la da necessidade de voltar a Portugal. Aplicavam um golpe baixo, pois sabiam quantas saudades ela tinha da família. A isca, porém, não funcionou. Ela encontrou apoio em José Bonifácio, que se tornou seu interlocutor. Trocavam correspondência às escondidas, levadas sempre por um fiel escravo. Como ela dizia: "Fio--me mais nele do que em certos brancos."

No pano de fundo, crepitava o debate sobre a convocação de uma Assembleia Constituinte. Nessas horas os tais sentimentos liberais de mamãe encolhiam. E, com medo do que pudesse acontecer às filhas, procurava apoio do imperador austríaco, prevenindo-o da assembleia que se organizava nos moldes da América do Norte:

"Aqui há uma verdadeira confusão, por toda a parte reinam modernos princípios populares da tão exaltada liberdade e independência. (...) Meu esposo que lamentavelmente ama todas as novidades está deslumbrado e infelizmente, parece-me, no final, pagará por todos, (...) esteja convicto, querido pai, aconteça o que acontecer, de que nunca esquecerei o que devo à religião, aos meus caros princípios pátrios. (...) No pior dos casos, se as coisas tomarem o rumo da Revolução Francesa, como receio, verei minha querida pátria com minhas filhas, pois infelizmente tenho certeza de que a venda do deslumbramento não cairá dos olhos de meu esposo; espero que o senhor me dê o posto de mineralogista que certa vez teve a bondade de me prometer, de brincadeira, durante um almoço."

De fato, papai estava deslumbrado. As novidades políticas incluíam um par de olhos verdes. Os de Domitila de Castro, que conheceu não se sabe se no Rio de Janeiro ou em São Paulo. Ao final de agosto, ele já tinha "amizade" com ela, eufemismo para relações. Entre os lençóis molhados, leu e reagiu à mais recente carta de sua mulher. Embora frágil, ela sabia onde ferir o orgulho do marido:

"Pedro, o Brasil está como um vulcão. Até no Paço há revolucionários. Até portugueses revolucionários. (...) As Cortes portuguesas ordenam vossa partida imediatamente, ameaçam-vos e humilham-vos. O Conselho de Estado vos aconselha a ficar. Meu coração de mulher e esposa prevê desgraças se partirmos agora para Lisboa. Sabemos bem o que tem sofrido vosso país. O rei e a rainha de Portugal não são mais reis, não governam mais, são governados pelo despotismo das Cortes que perseguem e humilham a quem devem respeito. (...) O Brasil será em vossas mãos um grande país. O Brasil vos quer para seu monarca. Com vosso apoio ou sem vosso apoio, ele fará sua separação. O pomo está maduro, colheio-o já, senão apodrecerá. Já dissestes aqui o que ireis fazer em São Paulo. Fazei, pois."

Entre o córrego do Ipiranga e uma propriedade de João de Castro, pai de Domitila, ele recebeu as notícias de que as Cortes portuguesas lhe retiravam o poder de príncipe regente e que suas resoluções estavam anuladas. Contam que deu o berro: "Independência ou morte!" Na primeira semana de setembro foi aclamado "primeiro rei brasileiro" no Teatro da Ópera do Pátio do Colégio.

No quinto mês de nova gravidez, zangada com a demora do retorno, mamãe lhe escreveu pedindo notícias urgentes e que voltasse ao Rio: "Faz oito dias que me desaponto por não chegar

LEOPOLDINA E MARIA DA GLÓRIA

nenhuma instrução sua; normalmente, quando se ama alguém com ternura sempre se encontram momentos e ocasiões para provar-lhe a sua amizade e o seu amor." Ralhava depois de um despacho de mais de seis horas: estava tão cansada, "como se tivesse ido do Rio a São Paulo a cavalo, (...) seu gênio não era para tudo isso".

Mas ele estava entretido. Com a política paulista e com a paulistana. Enquanto mamãe assinava as cartas com um "desta esposa que o ama ao extremo", ele se apaixonava perdidamente por outra mulher. Em novembro, Domitila informaria que estava "pejada dele". A família toda foi convidada a mudar-se para o Rio de Janeiro. A ironia é que, um mês depois, quando da coroação de meu pai, a irmã de Domitila, casada com o guarda-roupa do imperador, estava grávida de papai. Concluí que a família que fornica unida permanece unida, pois papai tratava a todas, cunhadas e irmãs de Domitila, com a mesma atenção. Instalou Domitila numa casa em Mata-Porcos, e os familiares em postos na Corte, todos com farta mesada. Enquanto isso, mamãe mendigava para dar aos pobres. Estava ficando como a segunda madrasta: feia, simples e boa. Tal como o seu pai, d. Fernando I, o meu, d. Pedro I, também não precisava de mais.

Com a independência do Brasil, mamãe saiu da lassidão em que a deixaram a morte do filho e as tristezas do casamento e arregaçou as mangas. Tenho certeza de que tudo fazia por nós. Começou escrevendo ao próprio pai pedindo apoio para a emancipação do império. Parecia se esquecer de que Fernando I odiava a ideia de monarquias constitucionais. Enquanto isso, meu pai assinava um Manifesto às Nações Amigas pedindo que os assuntos a serem tratados com o Brasil não mais passassem por Portugal. Um enviado seguiu para a Europa com o objetivo de contratar mercenários e fomentar a imigração. Os jornais estrangeiros comentavam o que tinha acontecido. Um golpe para que os Bragança conservassem dois tronos era a explicação mais corrente. Tinham razão.

No dia 12 de outubro de 1822, chovia. Entramos os três na carruagem puxada por oito cavalos em direção ao centro da cidade. À medida que

LEOPOLDINA E MARIA DA GLÓRIA

nos aproximávamos do Campo de Santana, o barulho de canhões e foguetes aumentava. Dos fortes, partiam salvas, bem como dos navios ancorados na baía. No caminho, passamos por casas ornamentadas com colchas coloridas à janela, arcos do triunfo em miniatura oferecidos pelos comerciantes e o som de orquestras que tocavam nos coretos. Mulheres vestidas de verde e amarelo acenavam e jogavam flores à nossa passagem. As tropas de infantaria, cavalaria, granadeiros e outras estavam em formação à nossa espera. A guarda de honra, constituída por paulistas e fluminenses, vestia as cores dos dragões austríacos, homenagem a mamãe. Três moços de estribeira, um negro, um indígena e um mestiço, representando os brasileiros, seguiam os batedores. Rumamos para o antigo palácio do conde dos Arcos, agora Câmara Municipal, onde fomos recebidos pelos vereadores.

Houve discurso. Lembro-me bem das expressões que ouvi: monarquia constitucional, defesa da independência, santo liberalismo e fealdade da escravidão. Com voz firme, papai respondeu que

53

aceitava o título de Imperador Constitucional e Defensor Perpétuo do Brasil, e aí a multidão na praça explodiu em gritos de vivas. Um berreiro, uma alegria! Eu passava de colo em colo enquanto papai era abraçado. Dali, ele seguiu a pé para a Capela Imperial, enquanto minha mãe e eu tomamos a carruagem. Mamãe pôde ver como era adorada: quantos arcos com esculturas douradas e versos a homenageavam: "Mãe dos Césares, do Brasil exulta." Um deles, não sei se por ironia, falava em "amor conjugal".

Dois meses depois, na mesma Capela Imperial, assisti à coroação de papai. Vestido com um manto de penas de tucano verdes e amarelas, as botas até as coxas como as usava Napoleão Bonaparte, ele ganhou uma coroa de três quilos de ouro e diamantes. Mamãe trajava um vestido longo com a cauda nas cores do Império e um turbante creme com plumas verdes. Eu, um pouco abaixo, fui cercada de damas da Corte.

No dia 17 de fevereiro de 1823, veio ao mundo minha irmã Paula, homenagem à cidade de São Paulo. Era uma criaturinha miúda e frágil. Os médicos concluíram que ela sofria do fígado. Mamãe a cercava de cuidados, mas não a amamentou. Eu, Januária e Paula enchíamos o Paço com nossos gritos alegres que se confundiam com os dos pássaros engaiolados na varanda. Ainda me lembro de varar pelos corredores alegremente, correndo descalça, chamando: "Mamãe, mamãe!" Só queria abraçá-la. Na época, acreditava que eu era a criança mais maravilhosa do mundo, pois meus pais me consideravam assim.

Agora imperatriz do Brasil, ou seja, de um império que ainda não tinha se consolidado, mamãe investiu em preservá-lo. Afinal, era nosso! E por isso não desistia de buscar o apoio da Áustria. Escrevia novamente ao seu "querido papai" dizendo que seu esposo tomara o poder não por ambição ou sede de comando, mas para evitar que se instalasse a anarquia ou a República – palavras que lhes davam arrepios. Ele só tomara o título de imperador para satisfazer a todos e criar unidade no imenso país, que, aliás, ainda não estava unido. "A grandeza do Brasil era de supremo interesse para as potências europeias do ponto de vista comercial" – vendia vantagens. Os deputados da Constituinte tinham "a máxima capacidade e dignidade" para honrar e manter o poder real que teria papai como chefe do Executivo, com poderes absolutos. Ela encarnava o papel de "intercessora do nobre povo brasileiro", que fez os maiores sacrifícios para preservar a unidade. E, para adoçar meu avô Francisco I, prometia dar a minha mão em casamento para um dos primos austríacos.

Esse último ponto até compreendo, pois mamãe tinha horror ao cunhado, d. Miguel, meu prometido marido. Mas quanta ingenuidade em dizer que as colônias espanholas poderiam se unir sob um sistema monárquico, entregues a um príncipe da casa da Áustria. E pior: para que mentir, dizendo que as finanças brasileiras nunca estiveram em melhores condições? Ou que a Marinha brasileira, então inexistente, tinha dinheiro para se armar? Vê-se que mamãe não economizou sua imaginação para ter a Áustria do lado do Brasil.

Ela passava em nosso quarto de brinquedos antes de partir para o Arsenal junto com papai. Era uma aparição: altas e duras botas de soldado até os joelhos, com pesadas esporas de prata; largas calças brancas; uma túnica curta; um lenço no pescoço à moda masculina e um chapéu de palha para proteger o rosto avermelhado. Parecia um homem gordo e forte. Preocupava-se em que nos tornássemos robustas como ela. À época, médicos consideravam importante endurecer as fibras do corpo, pois os problemas de saúde nasceriam de delicadezas e refinamentos, fruto de uma sociedade portadora de doenças e debilidades. O fantasma da degenerescência amedrontava as famílias nobres. Uma boa alimentação como combustível e o ar livre nos ajudariam a crescer com saúde. Paula inclusive. Aonde iríamos? Passear no Jardim Botânico ou correr na areia da praia? Depois de ouvir suas recomendações, corríamos à janela e, enquanto ela esporeava a cavalo, gritávamos: "Mamãe querida!" Havia risos e alegria nessas despedidas.

Como – segundo diziam as más línguas – o inglês de papai tinha sido aprendido nas tabernas, mamãe era encarregada de dar ordens e explicações aos soldados que chegavam da Alemanha. De certa forma, ela retornava à Áustria quando falava seu alemão vienense. A língua materna foi o que sobrou de seu dourado passado. Uma relíquia: *Ach! Willkommen.* Quanta nostalgia e vontade de voltar. Não para encontrar o lugar onde passou a juventude, mas de voltar à juventude propriamente dita. Muitos soldados vinham sem tostão e recorriam à conhecida bondade da imperatriz igualmente sem tostão: "Por amor ao Brasil perdi meu ordenado de uma rainha de Portugal que montava a mais de cem contos", queixava-se a um funcionário da embaixada austríaca.

A 3 de maio de 1823, ela acompanhou papai à abertura dos trabalhos da Constituinte na antiga Casa da Câmara. Deixaram São Cristóvão em uma carruagem puxada por oito mulas. Ele usava farda verde sob o manto da coroação e ela ia muito abatida. Não sei se ficou sabendo de mais um bastardo, um certo Luiz Pablo Roquellas, filho da esposa de um violinista espanhol, nascido dias antes, ou se era simples inquietação com a situação política. Ela alegou dores de reumatismo, mas era muito jovem para tê-las. Eram no coração. Para Maria Luísa, escreveu dizendo-se deprimida. O que fazer com o desejo de viver como esposa, de amar e ser amada, de abraçar e ser abraçada?

Sim, pois a situação estava longe de qualquer estabilidade dentro ou fora do palácio. Em seu discurso de abertura, papai reafirmou que desejava uma Constituição que merecesse sua "real aceitação". Ora, a Constituição era do povo ou do imperador? Caiu mal. A verdade é que ele e mamãe achavam que estavam fazendo concessões e esperavam o mesmo dos políticos. Depois das mentiras que contou ao imperador da Áustria, mamãe percebia que seu liberalismo moderado era pura fachada. Tudo o que descreveu à família não se sustentava na realidade. E os atritos só se agravariam. Apesar do mal-estar criado pelo tom de ameaça de papai, houve espetáculo de gala e vivas ao imperador, à imperatriz e aos deputados. Mas ela não estava lá para ouvir. Tinha se recolhido devido "à sua moléstia recente". Ela escreveu para Maria Luísa acusando as mudanças. Tempestades se anunciavam. Enquanto uns viam com óculos cor de rosa, ela via, segundo suas palavras, "tudo negro".

Dali em diante as moléstias de mamãe teriam nome: Domitila de Castro. E a vida viraria um inferno. Ela talvez tivesse percebido a presença da mulher se esgueirando com o irmão ou o cunhado pelos corredores do palácio. Porém, não mudou seu cotidiano. Tinha se afastado do Arsenal e das atividades diplomáticas. Preferia sair para caçar sozinha, passava horas entre o berço de Paula, cuidados com Januária e brincadeiras comigo. Para as filhas tinha sempre um sorriso no rosto. Fingia ser feliz, porém eu via: era um sorriso disfarçado. Triste. Um desgosto que ela não escondia de Maria Luísa: "Tenho que confessar que estou muito melancólica, porque me encontro sem amigo ou amiga em que possa depositar minha confiança." Apesar de todo o esforço para ajudar papai, ele retribuía com ingratidão.

Papai, naquela época, encontrava-se acamado. Não se sabia se tinha tomado uma surra de um marido ciumento ou se de fato caíra do cavalo que conduzia sempre a galope desabrido. Quebrou

LEOPOLDINA E MARIA DA GLÓRIA

clavículas e costelas. Ele, então, recebia delegações de políticos que se queixavam de José Bonifácio, capaz de prender injustamente ou de mandar surrar opositores. E, às escondidas, recebia também visitas da tal Domitila. A amante o convenceu de que o ministro estava "ensombrando a glória" do imperador. O Andrada e seus irmãos caíram. A amizade de mamãe com o velho paulista foi só política. Nunca trocaram intimidades e ela nada pôde fazer para evitar seu afastamento.

Novamente só, ela contava para a irmã Maria Luísa: "Todos os meus deveres me ligam ao meu esposo e infelizmente não posso lhe oferecer minha confiança; nossa mentalidade e educação são bem distintas." Bem que Maria Luísa a tinha avisado: que ela não imaginasse o futuro lindo demais. Princesas não escolhiam. Eram escolhidas. E encontrar a felicidade era pura loteria.

Em dezembro de 1823, papai lhe fez um agrado. No primeiro aniversário da coroação, as tropas reunidas no Campo da Aclamação desfilaram diante dela, depois de muitos vivas. Mamãe estava elegante, trajando uma roupa preta de amazona bordada a ouro. Foi uma demonstração de reconhecimento por seu apoio à independência. Acho que ela teria preferido que, agradecido, ele passasse a mão sobre seu ombro ou a tocasse delicadamente. Mas foi só um agrado prático e público.

Na verdade, foi só meio agrado, pois em meio à tropa estava a família da tal mulher Castro, prestando honras à imperatriz. Todos se ofereciam para alcovitar os encontros dos amantes. Ninguém sabe exatamente quando as duas se encontraram, mas deve ter sido em uma ocasião informal o bastante para Domitila se sentir à vontade para dizer debochadamente a mamãe que sofria de lepra. Pueril, mamãe foi contar ao meu pai, que cinicamente respondeu: "Cá para mim, não me importa, pois não tenho tratos com ela." Será que ela acreditou?

Nessa época, mamãe começou a se preocupar comigo. O Brasil era "uma verdadeira miséria no campo da educação", queixava-se a Maria Luísa. Saber comportar-se como uma rainha era básico. À mesa era preciso sentar-se ereta, pés juntos, mastigar de boca fechada, ser capaz de usar todos os talheres sabendo escolher qual servia para o quê, não limpar a boca na toalha, beber aos golinhos. No salão, o corpete me ajudava a não deixar cair os ombros. Tinha que saber andar com lentidão, os gestos tinham que ser vagarosos. Ao estender a mão para ser beijada, ter cautela para não bater no nariz das pessoas. Não fixar o olhar em ninguém. Falar em voz baixa. Nunca se coçar ou colocar o dedo no nariz. O programa era intenso e eu, estabanada, barulhenta e mimada, uma aluna difícil.

Ela queria que eu estudasse alemão e outras línguas estrangeiras, por ser mais fácil aprender novos idiomas na infância. Comecei a ter aulas de francês. Meu professor era um ex-jesuíta que não gozava de boa reputação na Corte por suas imoralidades. Tratava-se, porém, de um amigo de papai, cujas safadezas escondia. Gostei quando uma lady inglesa, viúva, escritora e pintora, por meio dos canais da embaixada inglesa e por recomendação de José Bonifácio, se ofereceu para ser minha preceptora. Soube que lady Maria Graham teria dito que seria "delicioso salvar-me das mãos das criaturas que me cercavam", ensinando-me a governar. Referia-se com ironia britânica aos cortesãos do palácio, gente de baixa extração e pouca cultura. Havia a crença de que os ingleses eram seres superiores. Eu estaria em boas mãos. Meus pais aceitaram a proposta e ela foi até a Inglaterra comprar livros.

Mamãe escreveu a Maria Luísa, contando sobre mim: "Minha Maria está cada dia mais inteligente e amável e é minha queridinha, já que se parece com teu filho e toda a casa austríaca pelo temperamento franco, alegre e bom coração, parece-me que encontrei em lady Graham uma boa educadora para ela, Deus permita que a maneira de pensar equivocada daqui e a política da Corte não me coloquem obstáculos nem afugentem a boa mulher, pois imagina, querida Maria Luísa, por vezes não querem me conceder nem o direito de decidir sobre a educação de minhas filhas, assim entenderá facilmente que muitas vezes tenho razão para me desesperar totalmente."

Maria Leopoldina da Áustria, a d. Leopoldina (1797-1826). Depois da Independência do Brasil, se tornou a primeira imperatriz consorte do Império e, por consequência, a primeira imperatriz do Novo Mundo. Também foi, por isso, a primeira mulher a governar o Brasil como regente. Era filha do imperador Francisco I da Áustria e de sua segunda esposa, a princesa Maria Teresa de Nápoles e Sicília. Também foi cunhada do imperador Napoleão Bonaparte – o general se casou com sua confidente e irmã mais velha, Maria Luísa, que se tornaria imperatriz da França.

Jean François Badoureau e Jules Antoine Vauthier, 1817. Acervo da Pinacoteca do Estado de São Paulo, Brasil. Coleção Brasiliana/Fundação Estudar. Doação da Fundação Estudar, 2007. Reprodução de Isabella Matheus.

Thierry Frères, a partir de Jean-Baptiste Debret, 1839. Fundação Biblioteca Nacional – Brasil.

Hippolyte Taunay, 1817. Fundação Biblioteca Nacional – Brasil.

Charles Simon Pradier, a partir de Jean-Baptiste Debret, c. 1820. Acervo do Museu Histórico Nacional/Ibram. Reprodução de Solange de Sampaio Godoy.

A chegada da princesa Leopoldina, então com 20 anos, para se casar com o príncipe d. Pedro, de 19 anos, foi um acontecimento memorável retratado por diversos artistas. Esse casamento selou um importante acordo entre Portugal e Áustria e, principalmente, estreitou os laços entre duas das principais famílias monárquicas da Europa, os Bragança e os Habsburgo.

Autor desconhecido, c. 1850. Fundação Biblioteca Nacional – Brasil.

Maria da Glória Leopoldina ou Maria II de Portugal (1819-1853). Filha mais velha de d. Leopoldina e d. Pedro I, foi retratada aqui ainda criança. Nascida no Rio de Janeiro, tornou-se posteriormente rainha de Portugal. Ela foi a única brasileira a se tornar rainha. A pequena Maria da Glória foi inspiração para que Mary Del Priore encontrasse o melhor tom para contar a história de Leopoldina em primeira pessoa nesta obra, entrelaçando a vida da mãe e da filha.

PÁGINA AO LADO:
D. Pedro I e d. Leopoldina visitaram a Casa dos Expostos. Posteriormente, o lugar abrigaria o orfanato Fundação Romão Duarte, no Flamengo, Rio de Janeiro. Ali, por quase três séculos, crianças em situação de vulnerabilidade foram acolhidas. Este quadro de Arnaud Pallière é um dos poucos registros do casal, o que pode ser visto como indicador da distância que havia entre Pedro e Leopoldina.

Arnaud Pallière, 1826. Wikimedia Commons.

PÁGINA AO LADO:
Domitila de Castro Canto e Melo, a marquesa de Santos. Ela conheceu o príncipe regente d. Pedro poucos dias antes da Independência, se tornou muito próxima dele e, quando proclamado imperador d. Pedro I, foi sua amante. Sua presença ao lado do monarca era tão marcante que ofuscou, em várias aparições públicas, o lugar de d. Leopoldina no novo reino independente, situação que causava profunda dor à imperatriz. A marquesa teve cinco filhos com o imperador.

Francisco Pedro do Amaral (atribuído), c. 1825. Acervo do Museu Histórico Nacional/Ibram.

O palácio de São Cristóvão, localizado na Quinta da Boa Vista, Rio de Janeiro, em uma fotografia do século XIX. Em 1808, com a chegada da Corte ao Brasil, foi iniciada a transformação da propriedade em residência oficial da família de d. João VI. A edificação passou por uma portentosa reforma na época do casamento de d. Leopoldina e d. Pedro, tornando-se a residência imperial até o fim do reinado de d. Pedro II. O prédio, que sofreu um incêndio de grandes proporções em 2018, atualmente está sob guarda do Museu Nacional e da Universidade Federal do Rio de Janeiro.

R. H. (Revert Henry) Klumb, 1869-1878. Fundação Biblioteca Nacional – Brasil.

D. Leopoldina tornou-se um mito popular como poucas vezes vimos na história do Brasil. Mesmo sendo estrangeira e tendo uma vida breve, sua figura era muito querida e adorada pelo povo, fazendo da imperatriz um referente reinventado em folguedos. Ela é homenageada, por exemplo, por uma das escolas de samba mais tradicionais do Rio de Janeiro, a Imperatriz Leopoldinense, do bairro de Ramos. No entanto, esse mito por trás da mulher que conspirou contra Portugal pela libertação do Brasil também é idealizado, com muitas atribuições que não correspondem à realidade dos acontecimentos. Esse desenho de Charles Landseer talvez represente um ar mais realista sobre quem foi a imperatriz, uma monarca de um país novo e escravocrata, vivendo apartada socialmente e em solidão.

Charles Landseer, 1825–1826. Acervo Instituto Moreira Salles.

LEOPOLDINA E MARIA DA GLÓRIA

Há palavras que são como pequenas doses de arsênico: eu as engolia sem tomar cuidado e elas pareciam não fazer efeito, até que, depois de certo tempo, a toxicidade se fez sentir. Domitila foi uma delas. E Belinha, outra. Eram mãe e filha, amante e bastarda. Mais uma. E mamãe dolorosamente sabia. Sabia, pois ela "ouvia e via muitas coisas" que, com "mentalidade e íntegros princípios austríacos, desejaria fossem diferentes". Sabia, pois mãe e filha conviviam dentro do palácio.

Tudo começou em maio de 1824, quando Isabel Maria Brasileira, a Belinha, nasceu. Foi logo depois que meus pais juraram uma Constituição liberal para o Brasil. Mamãe foi informada. Lembro-me dela andando solitária na lama do jardim, os pequenos pés escorregando, o corpo desequilibrado, o cheiro úmido da terra depois da chuva. Devia sentir ciúme por seu marido fazer sexo com outras pessoas. Mas não era o ato que a incomodava, e sim o que imaginava que vinha antes e depois. O carinho, a sensualidade de um afago, enfim, tudo que ela não recebia.

Quando voltou de sua caminhada pelo jardim, tinha não apenas o rosto vermelho – como sempre –, mas também os olhos. Ouviam-se rumores de que, indignados com papai, os brasileiros tinham oferecido a coroa à imperatriz, alegando os interesses do país e os defeitos de caráter do imperador. Mamãe, sempre altiva, respondeu: "Sou cristã, dedico-me inteiramente ao meu marido, aos meus filhos e antes de consentir com tal ato, eu me retirarei para a Áustria."

A seguir, em 2 de agosto de 1824, nasceu Chica, a Francisca, "forte, gorda" e parecida com papai. Os jornais também a descreveram como "muito robusta, crescida e linda", mas o desapontamento do casal foi grande. Não era Chico. Ambos desejavam vivamente um filho. Pela primeira vez, por um bom tempo papai não procurou mamãe para fazer mais herdeiros. Achou melhor investir em me preparar para o casamento com seu irmão Miguel, assegurando o trono português. Mamãe se apavorava. Sabia que o cunhado tinha todos os defeitos do marido e nenhuma das qualidades.

LEOPOLDINA E MARIA DA GLÓRIA

Naquele mesmo período, lady Graham voltou de Londres com livros e globos terrestres e ficou encarregada de nossa educação. A imperatriz e a governanta costumavam conversar depois do almoço. Primeiro, no quarto de mamãe, mas a novidade inspirou tanta ciumeira entre as damas portuguesas que elas transferiram as conversas para o quarto de milady, acima dos nossos. Compartiam a consolação de poder falar de livros, de viagens, da Europa.

No palácio, um corredor separava, de um lado, o quarto de Maria Graham, o de sua criada e uma pequena cozinha; do outro, uma pequena sala de jantar, duas salas de estar para as aulas e um terceiro cômodo, com as paredes cobertas de estantes, onde tínhamos aulas. Essa ala do palácio se abria para os jardins e as plantações de café que revestiam o morro da Tijuca. As janelas eram invadidas pelo perfume das laranjeiras. Além das conversas, o que ambas as mulheres tinham em comum era a mais profunda depressão. Depressivas por razões diferentes: milady era pobre, viúva e não tinha amigos. Mamãe, casada, sem dinheiro e também não tinha amigos.

No dia mesmo em que fomos apresentadas, pulei no pescoço de milady, abracei-a e pedi que gostasse de mim. Eu iria gostar dela. Lembro-me bem de que fiquei deslumbrada quando percebi que as mesmas letras que me permitiam ler francês – idioma no qual já fora alfabetizada por outro tutor, o padre Boiret – serviriam para ler o português. Descobri um livro de poemas intitulado *Little Charles*, traduzido para a língua portuguesa, cujos versos decorei. Comecei a exibir para as damas do Paço meus conhecimentos sobre os mapas do Brasil e de Portugal. Passava as tardes na sala de estudos com milady, vendo lindas figuras e praticando a leitura em voz alta. Também não me esqueço do dia em que bati na filha de uma dama, que me irritou. Milady reagiu dizendo-me que esse era um costume impróprio, embora eu batesse regularmente nos meus escravinhos. Minha tutora foi logo aparteada pela mãe da criança, que disse preferir dar morte a um filho que não julgasse uma honra receber uma bofetada de uma princesa. Eu sabia que milady estava certa, mas fingi não escutar a conversa das duas adultas.

A inglesa rapidamente ouviu os mesmos rumores que eu escutava atrás das portas: por que o chefe da Casa de Bragança se casara com uma estrangeira, em vez de uma tia ou prima, como era costume em Portugal? Como era bizarra a imperatriz! Mais: ela sabia que mamãe dissimulava sua tristeza e conhecia suas origens. O caso da Castro era assunto tanto na roda dos expatriados ingleses quanto entre os brasileiros da elite. Todos comentavam sobre a noite em que Domitila fora barrada no Teatrinho São Pedro. A razão? Sua moral duvidosa. Colérico, o imperador deu ordens para fechar o teatro e despejar os artistas, juntamente com todos os itens de cenário e figurinos.

Milady pouco via o imperador, que passava como flecha pelo quarto das filhas. A mesquinhez com que, no palácio, ele e os criados tratavam mamãe a incomodava. Em resposta, a governanta passou a tratar o séquito de damas portuguesas com visível desprezo.

Certa manhã, milady nos deixou correr lá fora. Sim, correr, pular e brincar com os brinquedos criados por nossa imaginação, tal como se fazia na Inglaterra. Folhas, pedrinhas, pedaços de pau. Foi quando vi, sobre a bancada de pedra, dois insetos. Suas antenas se aproximavam, sentiam, apalpavam, rodavam, antena com antena, se aproximavam mais. Recuavam. Os bichos se esfregavam, se afastavam, depois se embolaram, parecendo murmurar. Vi ali papai e Domitila.

Para minha tristeza, milady não se demorou. Ficou pouco mais de um mês. Mesmo sabendo que ela tinha me chamado de "tiranazinha indiferente", sabia que, no fundo, lady Graham gostava de mim, pois também dissera que eu tinha a mente viva e inteligente e que era uma criança extremamente sensível e capaz de autodomínio. Quando foi embora, senti sua partida. Foi dispensada por ciúmes e inveja. Eu não só gostava dela por tudo o que me ensinava, mas porque ela fazia companhia a mamãe. Como papai tinha afirmado na frente de todos que ela teria a absoluta direção

LEOPOLDINA E MARIA DA GLÓRIA

de tudo o que se referisse às princesas, "moral, intelectual e fisicamente", milady não escondia críticas. Como era possível que banhassem uma futura rainha, nua, na frente de homens e mulheres desconhecidos, escravos e mesmo da Guarda, apenas por não quererem fazê-lo no banheiro, mas numa sala? Que a alimentação dessa jovem fosse à base de frituras, alho, vinho e doces? Que permitissem que empregados jogassem cartas e conversassem grosserias na antecâmara de seu quarto? Por que não deixar as crianças brincarem de jardinagem? E, por fim, qual era o problema em mudar de lugar com ela na carruagem?

Futricas das amas portuguesas levaram papai a expulsá-la do palácio. Mamãe teve que arranjar dinheiro com o secretário do consulado austríaco para pagar milady. Uma vergonha. E, no bilhete que lhe enviou, acusava: "Infelizmente minha situação está cada vez pior. Meu esposo só se interessa por [espaço em branco]. E não importa o que aconteça com os outros." O secretário sabia "quem era" o espaço em branco. Sabia, também, que o casamento de mamãe era só opressão e sacrifício. Ninguém ali para confortá-la. Não havia mais o sonho de risos nem ilusões, nada mais a esperar.

Um mês depois de ter deixado São Cristóvão, Maria Graham trocou cartas com mamãe, pedindo-lhe que não se preocupasse com ela. Já estava instalada e contava com a ajuda de alguns conhecidos. Mamãe, lamentando o ocorrido, esclarecia: "Porque estou acostumada a combater os aborrecimentos e quanto mais sofro pelas intrigas, mais sinto que todo o meu ser despreza essas ninharias. Mas confesso somente a vós que cantarei loas ao Onipotente quando me livrar dessa canalha."

Canalha, sim. Papai parecia ter perdido a cabeça. Sua incontrolável sensualidade causava asco. "Não confio mais no meu esposo." Ele não só tinha instalado Domitila ao lado do palácio, em uma casa imensa que mandou construir e mobiliar com requinte, mas cobria-a de tudo o que não dava a mamãe: joias, vestidos caros que mandava fazer na sua mesma costureira e até uma carruagem recém-chegada de Londres. Ela agora era dama. De puta a dama! E tudo à custa de parte da mesada da imperatriz.

E por isso foi ostracizada na tribuna da Capela Imperial durante uma das cerimônias da Páscoa, em 1825. Em um gesto de solidariedade a mamãe, senhoras da sociedade abandonaram a tribuna, deixando Domitila sozinha ali. No dia de meu aniversário, enquanto sinos tocavam e fogos explodiam no ar, papai, enlouquecido de paixão, vingou-se do grupo que apoiava mamãe e nomeou Domitila camareira da imperatriz. Que estrago em minha festa! Daquele momento em diante, ela teria o direito de estar presente em todas as reuniões, nos acompanhar em todas as saídas, assumir o lugar de honra depois de Sua Majestade em todos os atos públicos. Enfim, ela passou a nos infligir sua odiosa presença. Eu a detestava. Era uma injustiça que só aumentava o meu desgosto de não poder reparar tanto mal.

Em julho, vindo de Portugal, desembarcou no Rio sir Charles Stuart. Embaixador da Inglaterra? Não. Ministro plenipotenciário escolhido por meu avô d. João VI para negociar a independência do Brasil. Papai sentia-se humilhado por não ser reconhecido por outras cabeças coroadas. O avô Francisco I lhe escrevia insistindo em negociar com d. João VI. Não escondia: queria assegurar às netas alguns tronos. Nesse meio-tempo, a Castro tinha sido elevada a viscondessa "pelos serviços prestados à imperatriz". Stuart foi vê-la antes de prestar homenagens a mamãe. Era público e notório que Domitila vendia informações e recebia amigos, diplomatas e oficiais em serões que divertiam papai. Se São Cristóvão era silencioso como um cemitério, a casa de Domitila estava sempre animada. Para mim, era apenas uma taberna melhorada.

Hoje entendo que a visita de sir Charles a Domitila não foi uma demonstração de simpatia, mas apenas o cumprimento de uma tradição estabelecida nas cortes europeias: ao chegar a uma nova sede, entrar em contato com a amante da vez do soberano em exercício. A intenção era uma só: obter informações indiretas sobre o monarca e exercer influência sobre ele, inflando sua vaidade viril. Entre os mercenários, sobretudo alemães,

LEOPOLDINA E MARIA DA GLÓRIA

que desembarcavam para integrar as armas, também corriam murmúrios desaprovadores. Não era só nos aposentos que a imperatriz tinha de suportar tão duro trato do esposo. Até em plena rua, à vista do povo indignado, ele a insultava e maltratava cruelmente.

Outra vez, o homem moreno, peludo, quente e impetuoso sobre ela, lisa, úmida, tímida e pudica. Em lugar do prazer, a agonia. Seria o ventre sempre dilatado um escudo contra o sofrimento? Mamãe anunciou a Viena nova gravidez: "Como todos desejam que eu tenha um filho, eu também desejo."

A pedido de papai, ela o acompanhava para receber imigrantes e à ordem de "senhora, faça o favor", era quem conversava e dava as boas-vindas aos recém-chegados. Encomendava-lhe cavalos da Alemanha. Enfim, servia ao seu senhor. Viera ao mundo para servir e não para ser servida. Ela celebrava seu sacrifício pessoal por papai. A ponto de receber Domitila com educação, depois que ele lhe acordou o título de marquesa de Santos. Em Viena, lendo a correspondência diplomática, meu avô espumava de indignação: "Ai de mim (...) agora sei do homem miserável que é meu genro."

Não só meu avô. Agora todos sabiam também: mamãe era maltratada. Ela se recolheu. Pouco saía a cavalo ou para caminhadas, como costumava fazer anteriormente. No país tropical via nascer todos os dias um sol apagado: o da melancolia. Seus raios deixavam ver a vida cheia de pequenos sofrimentos cotidianos, de lágrimas engolidas, de desespero vazio. Lady Graham veio se despedir, pois retornava a Londres. Falaram pouco e prometeram se escrever. A inglesa depois disse que deixou mamãe "destinada a uma vida de vexações maiores do que tudo que ela havia sofrido até então, e em um estado de saúde pouco propício para suportar um peso adicional". Essa era a imagem que ela passava para seus poucos interlocutores.

Penso que mamãe só não desanimou porque, no íntimo, tentava reatar com as origens. O sentimento de ser uma Habsburgo e nos transmitir esse legado a fortalecia intimamente. A Maria Luísa declarou-se "de novo europeia e alemã, o que foi muito difícil de esconder". Ou seja,

LEOPOLDINA E MARIA DA GLÓRIA

a conversa sobre monarquia constitucional foi um disfarce. E a seu pai escreveu dizendo que, se tivesse perdido a esperança de beijar-lhe novamente as mãos, ela também já teria "perdido a coragem e a força moral para suportar tantos dissabores e preocupações". O que a fazia resistir eram valores profundamente arraigados ou, talvez, o desejo de dar um basta. Voltar à Áustria. Ir embora. Quem sabe...

Mamãe tentava ser estoica, como sua mãe ou como sua madrasta. Ela tentava reagir. Algumas fórmulas tinham se enraizado em seu caráter. Por exemplo, a crença de que a vida era um destino que lhe escapava. Defendendo-se por trás de sua grande barriga de grávida, procurava não encarar os problemas. Apenas deixava-os passar. Com a alma calejada pela dureza das provas que sofria, procurava tranquilidade. Concentrava-se nos seus deveres, ou seja, em nós. Ocupava seu lugar de mãe com serenidade. Traçava uma linha entre o que ela podia controlar e o que lhe escapava: papai, por exemplo. O importante era avançar. E ela foi momentaneamente recompensada.

No dia 2 de dezembro de 1826, nasceu meu irmão Pedro de Alcântara. Que alívio para mamãe. Um filho, um herdeiro louro e de olhos azuis que correspondia, como ela mesma disse, a "todos os seus anseios". Era grande, forte e robusto. Não tive ciúmes. Portugal era meu. O Brasil seria dele. E ela precisava desse filho para sair da tristeza que a prostrava. Foi como se o outono em que vivia tivesse sido inundado pela luz da primavera. Seus olhos brilhavam quando o apresentou a papai. Fomos todos tomados de contentamento. Fui madrinha na Capela Imperial ao som de muita música e foguetório.

Mamãe não passou bem nesse parto e ficou na cama por um mês. Senti que a atmosfera entre meus pais estava mais leve. Programavam uma viagem à Bahia e me levariam junto. Desta vez, ela sairia de São Cristóvão. Conheceria outras províncias do império que doravante tinham um sucessor. Talvez mamãe não soubesse que, na residência vizinha, miava num berço outro Pedro: o Alcântara Brasileiro, filho de Domitila.

As razões para tal viagem? As sublevações constantes no Nordeste e no Norte do império. Nem todos queriam ou estavam contentes com o imperador. Os preparativos incluíam ministros, militares e altos cortesãos além de... Domitila. Não fomos só nós que nos escandalizamos. Ver papai ser acompanhado por mamãe, por mim e por sua amante ofendeu a todo mundo. Uma desfaçatez que fez chover sobre ele cartas anônimas cheias de censuras. Papai se desmoralizava. Foi alertado: seria um péssimo exemplo para mim, que acompanhava tudo com curiosidade e sentimentos misturados.

Ele foi se queixar a mamãe a respeito das cartas, e ela, em uma demonstração de altivez incomparável, lhe respondeu que as acusações podiam ser falsas ou verdadeiras. No primeiro caso não valia a pena ocupar-se com isso. No segundo, seria melhor desprezar o boato para fazê-lo desaparecer. Papai ficou ainda mais furioso com o fato de ela demonstrar absoluto sangue-frio e não se aborrecer com ele. E, curiosamente, reagiu levando-a a aparecer mais em público ao seu lado. Procurava, assim, melhorar sua imagem já tão estragada.

Tudo fingimento. O estoicismo tinha preparado mamãe para o que de pior pudesse acontecer, mas não para as feridas morais, as feridas da alma. Ela sofria e a vi chorar várias vezes. Fechado na concha de seu egoísmo, papai passava as noites fora, depois de nos trancar à chave. A um funcionário de confiança na Áustria, mamãe escreveu: "Aqui anda tudo transtornado, pois, sinceramente falando, mulheres infames como Pompadour e Maintenon e ainda pior, visto que não têm educação alguma (...), governam tudo torpemente e os outros devem se calar. Restam somente uma grande solidão e o desejo cada vez mais forte de ficar livre e tranquila." Ela que, ao chegar ao Brasil, pensava chegar ao paraíso encontrou apenas o caminho mais rápido para o inferno.

Embarcamos para a Bahia. Mamãe se enfurnou na cabine, negando-se a dividir a mesa com o casal de amantes. Nem cortesia, nem moderação. Esqueceu-se das atribuições de imperatriz que deveriam estar sempre acima das paixões.

Não havia etiqueta de comportamento para uma situação tão vexaminosa nem código social para um cenário tão desmoralizante. Eu ouvia papai chamar Domitila: "minha Titília", "Minha rica viscondessa". E passeava no convés com eles, curiosa de me aproximar da bruxa. Quando ele me perguntava se eu já tinha cumprimentado a marquesa de Santos, eu estendia molemente a mão e olhava para o alto. Mas tinha vontade de gritar, bater e destruir aquela mulher. Eu era um caldeirão fervendo, sem saída de ar.

Ao chegarmos a Salvador, papai exigiu que aquela "dama" embarcasse na mesma canoa que nos levou à terra, causando mal-estar generalizado. Ele ficou hospedado junto com ela no Palácio do Governador. Eu e mamãe, na Casa da Relação, que se ligava à construção por um passadiço. Quando saíamos de carruagem, meus pais iam na frente e eu e a bruxa, atrás. Pelos muros da cidade, o povo colou folhetos criticando Domitila e condenando sua presença. Aos pasquins se juntou um castigo de Deus, pois ela teve dor de ouvido e precisou suportar a aplicação de sanguessugas.

A população da Bahia, contudo, foi leal e saudou seu imperador. Mas nas velhas famílias e entre diplomatas, como o cônsul francês, torceram-lhe o nariz.

Em Salvador, recebíamos notícias da capital. Mamãe feliz em saber que "o lindo e forte príncipe imperial se conserva na mais perfeita saúde, (...) dona Paula ainda de cama e dona Francisca mais galante e esperta".

Papai visitou arsenais, distribuiu esmolas para militares, perdoou desertores, inspecionou tropas e quartéis. Mandou consertar muros, numerar casas e até nomear o sineiro da igreja. Apesar de não despertar ali o entusiasmo que esperava, acalmou a província.

Mamãe, por seu lado, escreveu ao pai sobre a "viagem extremamente desagradável em todos os sentidos à Bahia". Seu sofrimento já não passava despercebido e contava com a simpatia da população. Ela trazia sempre a testa franzida, tinha arrepios e, quando Domitila se aproximava, eu a via apertar os braços nas laterais como se quisesse se defender. A mulher lhe dava náuseas.

Deixamos Salvador sob frias despedidas. Desembarcamos no Rio em 1º de abril. Evitando o beija-mão, papai seguiu em desabalada carreira até a capela imperial, onde nos aguardava um *Te Deum* em ação de graças pela viagem segura. Mamãe, ao contrário, percorreu com serenidade o caminho que ligava o desembarque à capela, sendo saudada, elogiada e dando sua mão a ser beijada por quantos desejassem. Deus é justo e poderoso? Sim. O casal de amantes recebeu a notícia de chofre: havia quatro dias, morrera Pedro de Alcântara Brasileiro. O enterro foi feito com discrição. No meu coração, uma sutil mistura de compaixão e maldade ao imaginar o pequeno esqueleto numa caixinha.

Nove dias depois os canhões troaram tristes. Outra morte, mas essa doeu: a do meu avô d. João VI. A notícia chegou ao palácio por um diplomata austríaco. Mamãe estava sozinha, como de hábito. Desesperou-se, pois adorava o velho amigo e soberano. Ela correu ao outro pavilhão para consolar papai. Encontrou as portas fechadas e um criado de guarda informou: o imperador estava reunido com seus ministros e não queria ser interrompido. Em lágrimas, mamãe insistia. Envergonhado e pedindo perdão, o homem caiu de joelhos e contou a verdade: não havia ninguém ali. Mamãe desatou a chorar. Abandonada a uma dor lancinante, desmaiou. Avisado, papai, que estava com Domitila, voltou para casa a toda velocidade.

A cidade se alvoroçou. Segundo boatos, o rei teria sido envenenado pelo seu médico, o carioca Teodoro Ferreira de Aguiar. As facções liberais e absolutistas começaram a se acusar pela morte do rei. Na chefia da regência, a infanta d. Isabel Maria assegurou o trono ao real herdeiro de seu pai, o irmão d. Pedro. Ao ter conhecimento de que já havia manobras para entronar seu irmão Miguel, papai decidiu abdicar em meu favor. Em troca, Miguel aceitaria a regência da infanta Maria Isabel até que eu fosse maior de idade, ou seja, até que eu tivesse 12 anos, e pudéssemos nos casar.

Eu já tinha medo de sofrer como mamãe. À noite, eu rezava de olhos abertos. Pedia a proteção dos anjos e que eles me abrissem caminhos cheios

LEOPOLDINA E MARIA DA GLÓRIA

de flores, como nas imagens que milady mostrou. Mas as noites em São Cristóvão pareciam nos mergulhar em uma vasta caverna. Nenhuma voz ou som. Uma escuridão que dava para tocar com as mãos. Só o cheiro de alho da comida que escapava do fogão das criadas.

A notícia da morte de meu avô e meu futuro casamento partiram o coração de mamãe. Tristes presságios lhe escureciam o olhar. Ela me adorava. E tão sozinha como estava, a separação lhe seria muito dolorosa. Seu "senso de dever", porém, a obrigou a tomar algumas providências para amenizar o que achava que seriam caminhos difíceis. Começou escrevendo ao cunhado Miguel, que se encontrava em Viena, a quem já via como genro. Mais tarde diria que achava que "ele tinha mudado para o bem". E reafirmando seu credo: "Deus permita que seja uma união feliz porque a cada dia me convenço mais de que só a paixão mútua e a amizade podem fazer feliz um casal."

Em seguida, escreveu ao pai, mencionando "a segunda separação dolorosa que vou padecendo" e, depois de se desculpar "por vos importunar com essas linhas", esclarecia o motivo que a levava a enviar aquela missiva: "Pois sei como meu cunhado o considera e ama, [escrevo] para vos pedir, amado papai, que lhe façais um sermão, para que quando minha querida filha Maria me deixar e for entregue a ele, como me afirmam, leve em conta sua juventude e a proteja de todos os perigos a que possa ser exposta." Terminou com uma exclamação que mais parecia um pedido de socorro: "Ah, se ela pudesse ir para a Áustria, eu estaria completamente tranquila."

Escreveu ainda a Maria Ulrica, condessa von Lazansky, sua antiga camareira-mor, na expectativa de criar uma rede de apoio para mim: "Em pouco tempo me espera a separação de minha bondosa filha Maria, que será rainha de Portugal. Ela é uma filha boa e amada, ainda ingênua, bem de acordo com a educação austríaca. Influí como pude sobre seu intelecto; ela tem muitos talentos, mas é, como todas as pessoas talentosas, indolente nos estudos. Infelizmente, temo muito por ela, pois na história dos regentes acha-se tudo bom, seja bom ou ruim."

Em dias tranquilos, acomodada em uma *chaise longue*, mamãe parecia se sentir bem abotoando nossos corpetes, escovando nossos cabelos e nos presenteando com laços de fita. Era nossa protetora imaginária contra qualquer mal. Eu a via como um anjo. Via mesmo suas asas crescerem. Nós, filhas, brincávamos juntas no jardim. O bebê Pedro tomava sol em um carrinho. Belinha se aproximou. Tinha cabelos mais escuros do que nós, um pouco mais velha do que Chica. "Sai, bastarda!" Dei-lhe um tapa bem dado. Papai veio em minha direção aos gritos, ameaçando me dar um corretivo. Senti que ia apanhar. Eu imediatamente retruquei: "Uma bofetada! Com efeito! Nunca se ouviu dizer que uma rainha, por direito próprio, fosse tratada por uma bofetada." Envergonhado, ele deu as costas.

Papai colocou Bela no Paço à força, com o título de duquesa de Goiás. O título lhe foi concedido em uma cerimônia patética, seguida de uma festa na casa de Domitila. Da varanda do palácio, ouvíamos o barulho da música e das conversas. Seguindo o protocolo em matéria de concessão de títulos nobiliárquicos, a menina foi apresentada à imperatriz. Mamãe, sempre acima da gentalha, apenas murmurou, contendo as lágrimas: "Tu não tens culpa... tu não tens culpa." Depois, deixou o salão e se trancou no quarto para chorar.

Ninguém queria Bela. E todos, adultos também, riam dela. Riam os criados, riam os cocheiros, as aias e as damas. Fruto de uma rameira, uma mulher de sangue impuro e sem berço misturada às infantas do Brasil, desde quando? Papai tinha perdido o juízo. Queria que ela comesse à mesa conosco. Neguei-me. Pela manhã, era ela que ele cumprimentava primeiro. E, a cada vez que ele a pegava no colo, chamando-a "minha bela", mais raiva tínhamos. Mas se um dos perdigueiros de Domitila estivesse por perto e visse as cenas de implicância com Bela, relataria à mãe da criança, que, por sua vez, queixava-se com papai. Ele, então, discutiria com mamãe como se fosse ela a culpada de odiarmos a menina indesejada.

Papai não se enxergava. Continuava a nos humilhar. Passeava com Bela de carruagem pela cidade e impôs a presença da bruxa e da bastarda em uma celebração que ocorreu na pequena igreja da Glória, onde mamãe estava conosco. Para mais descaro, levou Domitila e sua família para a fazenda preferida de mamãe: Santa Cruz. Nem fomos convidadas. Mas, cada vez mais, os rumores prejudicavam sua reputação. Sobretudo depois que distribuiu títulos de nobreza a mancheias aos tios de Bela, legitimados como gentis-homens da casa imperial.

Eu já sabia. Quando a sexualidade não era mais do que transbordamento e pulsão incontrolável, perdia o prestígio. Um bastardo não era ninguém. Era um rejeito da sociedade. Era o remorso vivo de uma falta. Em uma época em que começava a se falar de valorização do casal, mulheres como Domitila eram simplesmente rameiras. As cortes europeias já viviam sob esse novo rigor moral que papai, educado nas estrebarias, ignorava. Papai não se dava conta, mas ele era um homem do passado.

O único consolo de mamãe, além de nós? A religião. Percorria as igrejas, rezava muito e se isolava, muitas vezes em passeios dos quais temíamos que ela não voltasse. No final do verão de 1826, novos boatos: haveria uma sublevação contra papai por ter permitido, no ato de reconhecimento de meu irmão Pedro ao trono do Brasil, que esse fosse apresentado à corte no colo do pai da amante.

As discussões com mamãe – episódios em que ele berrava como um carroceiro – tinham aumentado. Eu os ouvia. Colava meus ouvidos às paredes e às portas, contendo o choro. Ela, cada vez mais frágil, respondia com um fio de voz. Desanimada, negava-se a se apresentar em cerimônias oficiais ao lado da bruxa. Uma Habsburgo jamais se prestaria a tal papel. Eu o ouvia, ríspido: "Vai me obedecer." Mas ela não ia. Suportava com paciência todas as ralhações que seriam insuportáveis para quem não tivesse as virtudes de um mártir.

Ela aguentava tudo, tirando forças não sei de onde. Em carta a lady Graham, confessou estar vivendo uma "melancolia realmente negra". Mas perdeu a calma quando papai rompeu o que a Igreja Católica chama de "o sagrado vínculo do matrimônio". Ou seja, quando deixou de dormir no palácio para viver "a dois tiros de espingarda" do palácio, na casa de Domitila. A desculpa era cuidar do pai da bruxa, que tinha sofrido uma apoplexia. Ele se fazia de enfermeiro. Mas no dia 20 de outubro de 1826, ao saber que estava novamente grávida, em estado de terrível agitação, ela explodiu: "Senhor, faz um mês que vós não dormis mais em casa. Deixarei que o senhor reconheça uma das duas, ou me dareis licença de me retirar para junto de meu pai na Alemanha."

Terríveis versões correm sobre o que sobreveio. Mamãe teria ido à casa do cônsul austríaco, dizendo-se coberta de aflições. Este apressou-se em escrever à Áustria e ao imperador, meu avô. Ao seu cozinheiro francês, mamãe confessou que o marido não só lhe tinha respondido rispidamente, como teria afirmado que "lhe seria indiferente perder seu império, desde que conservasse o objeto de seus desejos". Papai continuou por três dias fora. Mamãe não hesitou. Começou a colocar suas coisas em baús e, por um criado, mandou avisá-lo: que ficasse na casa de Domitila. Ela iria para o

Convento da Ajuda até seu pai mandar buscá-la. Avisado, papai veio mais uma vez correndo.

Segundo contam, "furioso, entrou no quarto da imperatriz, pegou a carta que ela estava escrevendo para Viena e ali houve uma discussão de palavras muito desagradáveis. Contam também que ele ralhou muito e lhe tirou os cavalos de que se servia para passeios. Depois de se jogarem na cara coisas indignas e impróprias de pessoas tão altamente colocadas, o imperador caiu de joelhos aos pés da imperatriz e lhe pediu perdão. Era assim que sempre concluía as discussões com sua mulher. E ela o perdoava".

Mamãe perdoava porque acreditava que, amando-o, cicatrizava suas dores. Engano, mamãe. O pior é que nós, filhas, vivíamos em um clima de medo e insegurança. Minhas irmãs não exprimiam seus sentimentos com clareza, mas também estavam fragilizadas. O palácio de São Cristóvão era o palco de uma guerra interna. Minha família não era um nicho doce e protetor, mas o lugar de todos os incêndios. Nesse único lugar do mundo que deveria nos acolher, nos sentíamos estrangeiras.

Fiquei sabendo que o velho pai da Castro morreu logo depois. Sim, Deus existe! E papai fez papel de bobo, pois os muros da cidade se encheram de pasquins ridicularizando o casal de amantes. Papai aparecia como um burro, com grandes orelhas, montado por Domitila. Nos salões, se ouviam gracejos por ele ter pago do próprio bolso as despesas do funeral.

Mas Deus nos esqueceu. Quase ao mesmo tempo, mamãe começou a ter febres. Em sua nona gravidez, ela não estava passando bem. Suas noites não traziam sono nem repouso. Queixava-se de dores no ventre e tinha um colorido estranho no rosto, que começava a ficar acinzentado. Muitos diziam que foi resultado da briga. Outros, que foi consequência da notícia de meu casamento, a ser celebrado em Viena, perante a Corte imperial. O fato de temer as consequências de tal enlace a preocupava horrivelmente. Dali a alguns dias, além da inauguração da Academia de Belas-Artes, houve a comemoração de nove anos da chegada da então princesa Leopoldina ao Brasil. Mamãe era um par de olheiras num corpo que mais parecia um saco. Temia-se um aborto. Eu rezava e rezava. *Deus, se existes, nos ajude.*

Naquele mesmo dia, mamãe escreveu ao pai: "Apesar de estar extraordinariamente fraca (...) e embora ainda não consiga dormir bem, nem comer nada, tenho o dever de lhe escrever (...) e recomendar-me a vossa oração paternal, pois minha fraqueza é extraordinária, minhas dores permanentes, (...) bem como o estado de minha gravidez de três meses fazem mais necessário do que nunca que oreis ao Todo-Poderoso."

Com a habitual indiferença à esposa, papai decidiu que iria para o Sul, enfrentar os sediciosos da província que os argentinos queriam incorporar à sua república. Sabemos que a decisão só foi tomada porque seu prestígio como imperador estava na lama. Ele queria recuperá-lo e uma batalha seria a melhor oportunidade para isso. Um beija-mão era a cerimônia de despedida. Mamãe avisou: não compareceria. Não tinha condições físicas. Nem morais. Não queria estar ao lado de Domitila. Além do mais, tratava-se de uma cerimônia extenuante.

O que veio a seguir, os dois levaram para o túmulo. Os rumores eram os mais variados: ele a teria forçado fisicamente a entrar no salão onde se realizaria a cerimônia. Estaria arrependido do comportamento torpe e mostrava-se pesaroso por deixá-la naquele estado. Ouviram-se quebrar vidros ou móveis enquanto eles discutiam. Mamãe teria dito: "Adeus para sempre, pois não vos verei mais." Qual dessas versões era a verdadeira? Jamais saberemos.

Ele partiu. Recolhida, mamãe piorou. Via apenas o médico e suas aias. Durante três semanas, esteve em estado de permanente sofrimento. Eu empurrava a porta do quarto e corria para sua cama todas as vezes que podia. *Não me deixe, mamãe!* Pela janela, via os dias findarem. Ouvia soprar um vento incerto, espalhando nuvens em um céu cinzento. Eu temia que meus olhos não encontrassem mais os dela. E pensava que, na sala ao lado, Domitila sorria de desprezo e orgulho diante da lenta agonia de minha mãe. Para mim, aquela rameira representava tudo o que alguém podia ter de sádico e venenoso.

Certo dia, a odiosa mulher tentou se aproximar do leito da imperatriz. Mamãe começou a gritar que a levassem. A camareira-mor não titubeou e arrastou-a para fora do quarto. Domitila foi convidada pelos demais cortesãos a "fingir uma disposição e não aparecer mais na Corte". Ruim como era, ela se vingou: fez chegar até mim, por intermédio de sua criada, a informação de que mamãe estava morrendo.

Eu ia ver minha mãe todas as manhãs e à tarde. Lia seu rosto devastado: ela não se sentia mais viva. Não queria mais continuar a viver por viver. Sofria para morrer. Morria para não sofrer mais. Ela acreditou que o amor era a busca da metade perdida. Eis por que esperou que papai fosse a sua. Quando fizeram votos de matrimônio, o "para sempre" não representava apenas uma vida inteira, uma duração, mas uma intensidade de sentimento do qual ela nunca recebeu uma migalha.

Contaram-me que mamãe, no estado de febre e delírio, via meu pai se aproximar, sorrindo.

LEOPOLDINA E MARIA DA GLÓRIA

Ele se inclinava para tomá-la nos braços. Mas o abraço era rude. Ele tentava asfixiá-la. Seu hálito era quente. Seu beijo queimava. Ela tentava escapar daquele amante, resolvida a fugir do amor, um amor indigno. Ela se via refletida no céu. E em toda a parte cintilava o fogo de um sol tão poderoso que a obrigava a fechar os olhos. *Mamãe, acorde!*

A paz descia sobre o palácio junto com a noite. Mas era uma paz estranha e opressiva, como o silêncio que precede a tempestade. Milhares de pequenas luzes se acendiam e um murmúrio competia com os grilos: eram os brasileiros que vinham rezar pela imperatriz, velas nas mãos. Novenas, cantos, orações subiam pelas paredes. *Acorde, mamãe!*

No dia do primeiro aniversário de Pedro, ela expulsou um feto. Outro menino. Mas logo ouvi gritos: "Deus venha em nossa ajuda! Uma rosa de sangue!" Mamãe não podia ver a explosão viscosa e escura se espraiando no colchão. Delirava. O médico quase queimou os dedos ao tocá-la na testa. Todos no quarto corriam com panos e bacias, tentando conter a sangria. As paredes pareciam diminuir.

Mamãe paralisada, olhos semiabertos. Seus lábios se mexiam e ela murmurava que o fim de sua vida era sua culpa. Um erro qualquer que cometeu. A língua grossa. As palavras se transformando em lágrimas. Mamãe chorava por ela mesma e por nós. Ela achava que não fora bastante boa. Que, por tantas falhas, se sentia condenada. E que tinha pressa em ver executada sua sentença.

No dia 8 ou 9 mandou nos chamar. Assim como sua mãe e, antes dela, sua avó, se despediu e abençoou os filhos. Era a tradição da familiaridade com a morte, desde sempre. Não tinha medo de morrer, pois havia a certeza de ser recebida em um jardim de flores celestiais. Os pequenos nada entendiam, queriam brincar. Ela nos recomendou união. Abençoou um a um. Beijou-nos a testa. Assegurou-nos de que estava bem. Que um dia nos reencontraríamos no céu.

Depois, com o mais amável dos sorrisos, olhos brilhantes, pediu para ver os criados que a serviram. Disse adeus a cada um, como se estivesse de partida para uma longa viagem. "Perdão todos, Deus vos abençoe." No dia 10 de dezembro, chegou a carruagem que logo reconheci, pois trazia a cruz à porta. Era o bispo, que veio dar a ela a extrema-unção. Tentaram me conter, mas entrei correndo no quarto. Enquanto ele lhe ungia a testa, ouvi suas palavras: "Regozija-te, filha, vais morrer." Então era verdade: mamãe morria. Não mais sofreria. Eu lhe falava baixinho, enquanto seu corpo esfriava. Seus olhos azuis começavam a desaparecer por trás de uma palidez viscosa. Um quarto cheio de gente. Sempre se morria em público, nunca só. A respiração rápida, o rosto alterado. Um cheiro ruim. *Não me deixe, mamãe.* Mamãe gelada. E, depois, um silêncio que quebrei com gritos.

Enquanto isso, no Sul, em meio a tropas dispersas, tripas reviradas, projetos de campanha e mapas, papai recebia informes desencontrados. A capital estava em polvorosa e só se falava nas causas morais que teriam levado à morte de mamãe. O ódio e a frustração da população se voltavam para o casal de amantes. Culpa deles! No mesmo dia em que recebeu o despacho sobre a morte da esposa, ele recebeu também uma carta da Castro se queixando de que o falecimento de mamãe tinha sido desculpa para ser insultada. Mas recebeu também um pasquim em que leu o retrato que dele faziam os brasileiros: "Que podereis esperar de um perjuro, lacaio de estrebaria, borracho cachaceiro, sem educação e sem princípios, sem honra e sem fé, sem probidade e sem moral, sem talentos e sem virtudes, sem costumes e sem religião, sem palavras e sem vergonha; mau filho, pior pai, péssimo marido, iníquo monarca, de cuja boca nunca se tem ouvido uma boa palavra e de cujo coração jamais tem aparecido uma boa obra?"

Primeiro, o velório nos salões cobertos de panos pretos. Lembro-me bem da mão enluvada e que pendia para fora do caixão forrado de sedas verdes e amarelas, e que todos beijamos. A mão do adeus. Os pequenos não entendiam por que mamãe estava escondida. Eu abandonei as aulas de etiqueta e explodi num choro convulsivo. Depois, o cortejo fúnebre até o mosteiro. O povo em prantos. O rufar dos tambores que talvez acordassem mamãe. Ali,

LEOPOLDINA E MARIA DA GLÓRIA

na calma do convento, eu acreditei que ela pudesse, enfim, dormir um sono tranquilo. Em um dia de sol e calor, a tumba fria. Na eternidade, ela não sofreria mais de tédio ou dor.

Os sinos que tocaram pela morte da minha mãe anunciaram também o fim da minha infância. Não chorei sozinha. O povo saiu às ruas soluçando. Deus existe! Mamãe era adorada. Era amada pelos brasileiros. A casa de Domitila foi apedrejada. Ela fugiu como uma rata, pois o povo a acusava de ter envenenado a imperatriz. Os brasileiros queriam vingança. "Quem agora tomará o partido dos pretos?", ouviam-se os gritos pelas ruas. Mamãe santa. A cidade em silêncio. Uma dor muda em todas as fisionomias, unindo gente de toda parte e condição. Bandeiras a meio-pau. Disparos de canhão de dez em dez minutos. A ordem era chorar e usar preto por seis meses. Papai passou a ver o fantasma de mamãe nos salões do palácio. Mas ela não vinha se vingar. Vinha perdoá-lo mais uma vez, pois sabia que ele tinha corrido para a casa de Domitila assim que chegara.

Naturalmente senti a falta dela durante muito tempo. Sua presença física se agarrava a mim como a ponta de uma mortalha que teria aderido à pele. Um pano que, quando se tira, dói. Prometi a mim mesma que nunca viveria a vida de mamãe. Nunca teria um marido que me roesse o presente e devastasse o futuro.

O resto da história não tem a presença de mamãe, por isso vou abreviar. Aos 8 anos, eu já era casada e rainha de Portugal. Meu avô Francisco I ordenou que dona Mariana de Verna passasse a cuidar dos netos. Papai padeceu para arranjar uma segunda mulher – sua fama era péssima. Para minha sorte, poucos anos depois, seu irmão Miguel desfez nosso casamento e se proclamou rei, traindo papai. Vi Domitila ser expulsa para São Paulo e perder mais uma filha. Para meu ódio, ela caiu numa almofada de ouro. Do amante arrancou imóveis, joias e dinheiro.

Aos 9 anos fiz uma viagem sem retorno, deixando para trás os irmãos e papai. Foi preciso partir, romper, ir embora para descobrir outras coisas. Sair da fatalidade e das repetições em que

LEOPOLDINA E MARIA DA GLÓRIA

vi minha mãe afundar. Deveria ir para a Áustria, mas acabei na Inglaterra, onde me aguardavam os portugueses liberais que não queriam meu tio no trono. Tornei-me amiga da rainha da Inglaterra, minha prima Vitória, de quem ouvi: "As mulheres sabem muito melhor o que querem do que os homens." Em Londres fiz regime, passei a usar pó de arroz e consertei os dentes. Ganhei mais dois irmãos bastardos, um deles de uma costureira francesa que fazia minhas roupas no Rio.

Por razões políticas, tive que voltar ao Brasil. Conheci minha madrasta, Amélia Augusta Eugenia Napoleão de Leuchtenberg, um pouco mais velha do que eu. Eu tinha 11 anos e ela, 17. Nunca fomos íntimas. Voltamos para a Europa em 1831, quando papai, esgotado politicamente, abdicou em favor de Pedro, que virou Pedro II. Ganhei uma irmã, Amelinha, nascida em Paris, e mais um bastardo que papai, libertino, fez numa freira na Ilha Terceira. Já era o vigésimo sétimo.

Fui para Londres, onde, ao lado de Vitória, esperei papai recuperar o trono de Portugal. Ele lutaria inúmeras batalhas. Antes de partir, porém, se ajoelhou aos meus pés e disse: "Minha senhora, aqui está um general português que irá manter os seus direitos e restaurar sua coroa." Na mesma hora me lembrei de que ele abandonou mamãe. Lembrei de tudo que ela afrontou para que um dia eu fosse rainha. De leviano e debochado, papai passou a herói, embora houvesse rumores de que queria a coroa para si.

Fui emancipada por ele e jurei a Constituição perante as Cortes. Tinha, então, 15 anos. Recebia sempre notícias dos irmãos no Brasil e soube que Paula não resistiu a uma doença que a acometera. Pouco depois, a 24 de setembro de 1834, papai também se foi. A causa da morte oficialmente divulgada foi a tuberculose. No entanto, rumores davam conta de que a doença que o acometera era outra, consequência de sua vida devassa. Assumi um país em ruínas, saído de uma guerra fratricida. Eu conhecia o irmão de Amélia, Augusto, com quem me casei. Sabia-o sedutor e mulherengo. Prometi a mim mesma mantê-lo em rédea curta. Dele enviuvei depois de um ano de casada, sem que o casamento se consumasse, pois, para isso,

LEOPOLDINA E MARIA DA GLÓRIA

era preciso aguardar que eu completasse 17 anos. Um marido perdido.

Mas depois fui feliz com Fernando de Saxe--Coburgo-Gotha, primo de Vitória. Um príncipe como mamãe gostaria. Alto, louro, olhos azuis, culto, calmo e amigo amoroso. Eu ia para meu terceiro casamento. Porém, mais do que nunca, precisava de alguém ao meu lado. Apaixonei-me tão logo o vi. Ele ajudou a me tornar a "rainha educadora" e a conhecer, no leito conjugal, o que se chamava então de "harmonia dos prazeres".

Enquanto relembro minha mãe, lembro também que engordei como ela. Aos 25 anos, já era obesa e papuda. Braços grossos como pernas emergiam das mangas dos vestidos. Os olhos, dois riscos no rosto estufado. Mas não desistia de Fernando. Passei por doze gestações e onze partos, em uma média de um filho a cada dezessete meses. Como minha mãe, tive partos difíceis. Um deles durou 32 horas e nasceu morta uma pequenina Maria. Meu oitavo filho, o infante d. Augusto, nasceu roxo e mal respirava. Mas eu continuava engordando e não parava de fazer filhos. Quando os médicos me alertavam sobre as condições de meu coração, eu respondia: "Se morrer, morro no meu posto." Como mamãe.

Aos 34 anos e depois de 13 horas do início do trabalho de parto, fecho os olhos e me lembro do seu rosto na cama. Foi seu último dia de vida. Crianças veem tudo e não esquecem. Por isso não chamei meus filhos para a despedida. Recordo: sua fisionomia desfeita; o cabelo fino já embranquecido, colado na testa; o peito que se juntava com a barriga flácida que subia e descia e o cheiro. O maldito cheiro. Os roncos. Não queria que me vissem assim. Eu me sentia exausta e avisei: desta vez será diferente. E perguntei ao médico: "Ó, Teixeira? Se tenho perigo, diga-mo; não me engane". Sem resposta, meu marido Fernando, que suspirava e torcia as mãos, mandou chamar o Patriarca. Confessei e recebi os santos óleos. Não voltarei. Vou mergulhar no sono eterno. Finalmente, vou encontrá-la e lhe dizer: "Mamãe, fiz o que quis e fui feliz."

Referências bibliográficas

SCHUBERT, Guilherme (coord.). *200 anos: imperatriz Leopoldina*. Rio de Janeiro: IHGB, 1997.

ALCANTARA, Laura Pereira. *Os filhos de d. Pedro I*. Rio de Janeiro: Editora Aurora, 1987.

BARATA, José. *A doença e as mortes dos reis e rainhas na dinastia Bragança*. Lisboa: Verso de Kapa, 2012.

BELCHIOR, Lourdes de Almeida Barreto. *Leopoldina e os jornais: a imperatriz e a imprensa brasileira de 1817 a 1826*. Dissertação (mestrado em História) – Universidade Salgado de Oliveira, Niterói, 2019.

BOSCO, Gabriella. *Le récit d'enfance et ses modèles, Actes publiés sous la direction de Anne Chevalier et Carole Dornier.* Colloque de Cerisy-la-Salle. *Studi Francesi*, 143 (XLVIII | II), 2004.

CASSOTTI. *A biografia íntima de Leopoldina.* São Paulo: Planeta, 2015.

DEL PRIORE, Mary. *A carne e o sangue, a imperatriz d. Leopoldina, d. Pedro I e Domitila, a Marquesa de Santos.* Rio de Janeiro: Rocco, 2012.

_____. *História do amor no Brasil.* São Paulo: Contexto, 2005.

EHRENBERG, Alain. *La fatigue d'être soi: dépression et société.* Paris: Odile Jacob, 1998.

FLANDRIN, Jean-Louis. *Un temps pour embrasser: aux origines de la morale sexuelle occidentale.* Paris: Seuil, 1983.

_____. *Le sexe et l'Occident: évolution des attitudes et des comportements.* Paris: Seuil, 1981.

GIDDENS, Anthony. *La Transformation de l'intimité, sexualité, amour et érotisme dans les sociétés modernes.* Rodez: Le Rouergue/ Chambon, 2004.

GRAHAM, Maria. *Escorço biográfico de d. Pedro I.* Cadernos da Biblioteca Nacional. Rio de Janeiro: Fundação Biblioteca Nacional, 2010.

—————. *Correspondência entre Maria Graham e a imperatriz dona Leopoldina.* Belo Horizonte: Itatiaia, 1997.

GRIMMER, Claude. *La Femme et le bâtard.* Paris: Presses de la Renaissance, 1983.

GUIMARÃES. C. D'Araujo. *A corte no Brasil, figuras e aspectos.* Porto Alegre: Livraria Globo, [s/d].

JAMEREY-DUVAL, Valentin; GOULEMOT, Jean-Marie (org.). *Mémoires: enfance et éducation d'un paysan au XVIIIᵉ siècle.* Paris: Le Sycomore, 1981.

LUSTOSA, Isabel. *d. Pedro I.* São Paulo: Companhia das Letras, 2006.

MAGALHÃES, Aline Montenegro (coord.) et al. *D. Leopoldina e seu tempo.* Rio de Janeiro: Museu Histórico Nacional, 2016.

MARIA LEOPOLDINA DA ÁUSTRIA. *D. Leopoldina, cartas de uma imperatriz*. Coord. Angel Bojadsen, Kann Bettina et al. São Paulo: Estação Liberdade, 2006.

MAUL, Carlos. *Pequenas histórias verdadeiras do Rio Antigo*. Rio de Janeiro: Edições de Ouro, 1965.

PORTO, Denise G. *Maria Graham, uma inglesa na Independência do Brasil*. Curitiba: Editora CRV, 2020.

RAMIREZ, Ezekiel Stanley. *As relações entre a Áustria e o Brasil*. São Paulo: Companhia Editora Nacional, 1968.

RANGEL, Alberto. *No rolar do tempo*. Rio de Janeiro: José Olympio, [s/d].

REZZUTTI, Paulo. *Domitila, a verdadeira história da marquesa de Santos*. São Paulo: Geração Editorial, 2013.

_____. *D. Pedro I: a história não contada*. São Paulo: Leya, 2015.

_____. *D. Leopoldina: a história não contada*. São Paulo: Leya, 2017.

ROSSET, Clément. *Route de nuit*. Paris: Gallimard, 1999.

SANTOS, Luiz Gonçalvez dos. *Memórias para servir à História do Reino do Brasil*. t. I e II. São Paulo: Itatiaia, 1981.

STILWELL, Isabel. *Maria da Glória: a princesa brasileira que se tornou rainha de Portugal*. São Paulo: Octavo, 2012.

VIGARELLO, Georges. *Histoire des pratiques de santé*: le sain et le malsain depuis le Moyen Âge. Paris: Seuil, 1999.

VINCENT-BUFFAULT, Anne. *Histoire sensible du toucher*. Paris: L'Harmattan, 2017.

WALTON, Stuart. *Uma história das emoções*. Rio de Janeiro: Record, 2007.

A primeira edição deste livro foi impressa nas oficinas da
DISTRIBUIDORA RECORD DE SERVIÇOS DE IMPRENSA S.A.
Rua Argentina, 171, Rio de Janeiro, RJ
para a
EDITORA JOSÉ OLYMPIO LTDA.
em março de 2024.

*

93º aniversário desta Casa de livros, fundada em 29.11.1931